智能光电信息处理与传输技术丛书

车联网无线通信关键技术

杜得荣　黄仕建　杨　恒　著

中国科学技术大学出版社

内 容 简 介

本书主要针对车联网无线通信信道建模、干扰分析与负载均衡等关键技术展开研究，主要内容包括车联网无线通信背景分析、车车通信时域与三维角度域信道模型与特性、车联网三维角度域干扰模型与特性、车联网干扰协调、车联网节点自适应成簇算法、车联网动态负载均衡算法等。研究成果可为实现车联网大容量低时延无线通信提供理论支持，对车联网的研究和规模应用具有重要推动作用。

本书可作为高等院校信息与通信工程、电子科学与技术、计算机科学与技术及相关专业本科生、研究生的学习与科研参考书，也可供从事车联网、无线通信、5G/6G等领域的研究人员和工程技术人员参考。

图书在版编目(CIP)数据

车联网无线通信关键技术/杜得荣，黄仕建，杨恒著 .—合肥：中国科学技术大学出版社，2022.11

（智能光电信息处理与传输技术丛书）

ISBN 978-7-312-05523-2

Ⅰ.车… Ⅱ.①杜… ②黄… ③杨… Ⅲ.汽车—物联网—无线电通信 Ⅳ.U469-39

中国版本图书馆CIP数据核字(2022)第176726号

车联网无线通信关键技术
CHELIANWANG WUXIAN TONGXIN GUANJIAN JISHU

出版	中国科学技术大学出版社
	安徽省合肥市金寨路96号，230026
	http://press.ustc.edu.cn
	https://zgkxjsdxcbs.tmall.com
印刷	安徽省瑞隆印务有限公司
发行	中国科学技术大学出版社
开本	710 mm×1000 mm 1/16
印张	11.25
字数	218千
版次	2022年11月第1版
印次	2022年11月第1次印刷
定价	68.00元

前　　言

随着社会经济的快速发展,全球汽车保有量持续增加,且城市化导致市区人口密度不断增加。然而,道路的建设速度远远低于汽车保有量的增长速度,道路承载容量在许多城市已达到饱和,交通安全恶化、出行效率低、环境污染等问题日益凸显,已成为政府、工业界和学术界密切关注并且致力解决的重要课题。以信息通信为核心技术的车联网为解决上述交通问题提供了契机。

无线通信技术是实现车联网高效运行的核心支撑,是车联网能否有效提高交通效率与安全水平的关键。然而,车联网通信环境复杂,一方面车辆快速移动使得网络动态变化,另一方面城市环境下信号强度衰落严重。同时,车联网大规模部署与频谱稀缺之间的矛盾使得通信干扰无法忽视,交通的"潮汐效应"使得车辆时空分布不均匀,也会引起车联网负载失衡。因此,实现车联网大容量低时延无线通信面临诸多挑战。为此,本书针对车联网无线通信信道建模、干扰分析与负载均衡等关键技术展开研究,以期解决上述问题。

全书分为4个部分,共8章。第1部分,即第1章,主要针对当前道路交通困境、车联网无线通信概念和发展动态进行了深入分析。第2部分,即信道建模领域,包括第2、3、4章,主要研究车车通信三维多重动态散射信道模型与特性、车车通信三维角度域信道模型与特性、基于三维联合成型因子的车联网信道空间选择特性。第3部分,即干扰分析领域,包括第5、6章,主要研究车车通信三维角度域干扰模型与特性、基于三维CoMP与多级SFR的车联网干扰协调。第4部分,即负载均衡领域,包括第7、8章,主要研究基于3D CoMP的车联网节点自适应成簇算法、基于预测的车联网动态负载均衡算法。

在本书撰写过程中,得到了大量指导和帮助。笔者在重庆大学攻读博士学位与博士后研究期间,导师曾孝平教授提供了大量前沿课题资源,这些资源为本书奠定了重要基础。笔者实验室成员李镜、蒋琳琳、伍灵倩、陈月琴、丁子尧、杨芳芳、陈春玲、全颖惠、朱朗、刘名扬、李佳珍、杜君豪、郑雅妮、韩慧等同学为本书的研究和撰写做了贡献。笔者工作单位的党随虎教授、谭勇教授、李松柏教授给予了经费支持和写作指导。合作者黄仕建副教授与杨恒副教授为本书提出了许多有益建议,并直接参与了本书部分章节的撰写及文字校对工作。另外,本书的研究内容参考引用了同行的重要成果。在此,向各位表示由衷的感谢。

由于学术水平所限,书中难免有不足和错漏之处,恳请读者和同行专家提出宝贵意见和建议。电子邮箱:20180023@yznu.edu.cn。

杜得荣
2022年6月

目　　录

前言 ··· (i)

第1章　绪论 ··· (1)
1.1　当前道路交通困境 ·· (1)
1.2　车联网无线通信概述 ··· (2)
1.3　车联网无线通信发展动态 ······································· (3)

第2章　车车通信三维多重动态散射信道模型与特性 ········ (8)
2.1　国内外研究现状 ·· (9)
2.2　车车通信三维多重动态散射信道模型 ····················· (11)
2.3　空时相关函数与多普勒功率谱密度 ························ (15)
2.4　车车通信收发端运动模型 ····································· (24)
2.5　仿真分析与验证 ··· (26)

第3章　车车通信三维角度域信道模型与特性 ··············· (41)
3.1　国内外研究现状 ··· (41)
3.2　三维多径角度功率谱密度模型 ······························· (42)
3.3　非规范复球谐系数与多径成型因子 ························ (44)
3.4　信道空间统计特性 ··· (54)
3.5　仿真分析 ·· (59)

第4章　基于三维联合成型因子的车联网信道空间选择特性 ······ (68)
4.1　国内外研究现状 ··· (68)
4.2　3D APD模型和多径联合成型因子 ·························· (69)
4.3　结果和讨论 ··· (76)

— iii —

第5章 车车通信三维角度域干扰模型与特性 …………………（80）
5.1 国内外研究现状 …………………………………………（80）
5.2 三维高斯干扰空间分布模型与干扰角度功率谱密度 ……（84）
5.3 干扰非规范复球谐系数与成型因子 ………………………（88）
5.4 干扰空间统计特性 …………………………………………（91）
5.5 信干比空间统计特性 ………………………………………（94）
5.6 仿真分析 ……………………………………………………（98）

第6章 基于三维CoMP与多级SFR的车联网干扰协调 ………（107）
6.1 国内外研究现状 …………………………………………（107）
6.2 系统模型和频谱分配 ……………………………………（110）
6.3 算法设计 …………………………………………………（115）
6.4 仿真分析 …………………………………………………（120）

第7章 基于三维CoMP的车联网节点自适应成簇算法 ………（127）
7.1 国内外研究现状 …………………………………………（127）
7.2 系统模型 …………………………………………………（129）
7.3 自适应算法 ………………………………………………（130）
7.4 仿真分析 …………………………………………………（134）

第8章 基于预测的车联网动态负载均衡算法 …………………（139）
8.1 国内外研究现状 …………………………………………（139）
8.2 系统模型 …………………………………………………（140）
8.3 负载均衡算法 ……………………………………………（145）
8.4 仿真分析 …………………………………………………（150）

参考文献 …………………………………………………………（156）

第1章 绪　　论

1.1. 当前道路交通困境

随着社会经济的快速发展,全球汽车保有量持续增加,且城市化导致市区人口密度不断增加,许多国家都面临着严重的交通困境[1]。据公安部统计,截至2022年3月底,全国机动车保有量达4.02亿辆,其中汽车3.07亿辆;机动车驾驶人4.87亿人,其中汽车驾驶人4.50亿人。今年,全国汽车保有量超过100万辆的城市共有79个,与去年同期相比增加7个,其中,汽车保有量超过200万辆的城市37个,超过300万辆的城市20个。北京汽车保有量超过600万辆,成都、重庆汽车保有量超过500万辆,苏州、上海、郑州、西安汽车保有量超过400万辆[2]。然而,道路的建设速度远远低于汽车保有量的增长速度,道路承载容量在许多城市已达到饱和,交通安全恶化、出行效率低下、环境污染等问题日益凸显。

世界卫生组织发布的《道路安全全球现状报告2015》指出,全球每年约有125万人在交通事故中丧生,交通事故是造成15~29岁年龄段人群意外死亡的首要因素。美国国家安全理事会的政府报告显示,2017年上半年美国公路交通死亡人数已超过1.868万,另有200多万人伤势严重,这些伤亡造成的损失约为1.91亿美元。2017年12月,中国国家安全监管总局和交通运输部发布的《道路交通运输安全发展报告2017》显示,2016年全国涉及人员伤亡的道路交通事故达21.28万余起,造成6.3万余人死亡、22.6万余人受伤,直接财产损失12.1亿元,道路交通事故万车死亡率为2.14,同比上升2.9%。在很多大城市,交通高峰期拥堵现象非常普遍,汽车速度仅有每小时几千米,这不仅直接影响人们的出行效率,也会造成大量的能源损失。中国交通能耗已占社会总能耗的约20%,并且还在逐年上升;同时,机动车所排放的气态污染物以及颗粒污染物占城市大气污染物的比例高达40%~60%,而且机动车所排放的污染物在城市总污染源中的占比正以每年2%~3%的速度增加。另外,一些城市主要干路的噪声普遍超过了70 dB,已经成为城市噪声的最大污染源[3]。

当前的道路交通困境导致了严重的人身伤害和财产损失,同时也严重影响了整个交通系统的运行效率和社会经济的发展速度。因此,近年来交通安全、效率和环境污染已成为政府、工业界和学术界越发关注并且致力解决的问题。目前,信息技术已深入到社会的各行各业,并蓬勃发展,极大地促进了社会交互的发展和生产力的显著提高。其中,以信息通信为核心技术的车联网为解决上述交通问题提供了新契机。

1.2 车联网无线通信概述

车联网是指利用车载电子传感装置,通过移动通信技术、汽车导航系统、智能终端设备与信息网络平台,使车与车(Vehicle-to-Vehicle,V2V)、车与路(Vehicle-to-Infrastructure,V2I)、车与人(Vehicle-to-Pedestrian,V2P)、车与云(Vehicle-to-Network,V2N)之间实时联网,实现信息互联互通,从而对车、人、物、路、位置等进行有效的智能监控、调度和管理的网络系统[4-6]。

V2V通信是指基于无线的车间数据传输,是构成车联网的基本要素之一,主要用于提高车辆运行的安全性。基于专用短距离通信(Dedicated Short Range Communication,DSRC)、LTE-V(Long Term Evolution-Vehicle)或5G-V(5th Generation Cellular Networks-Vehicle)技术,V2V通信通过车辆间共享交通信息,如位置、速度、方向、红绿灯信号和路面异常等,提前对危急情况做出预警,从而有效降低交通事故发生率。

V2V通信和车联网可以推动自动驾驶等智能交通技术的发展,大幅提高未来交通系统的安全和效率,并能促进节能减排,必将对信息通信、汽车和交通运输等多个行业的生产方式和产业分工产生深远影响。埃森哲咨询公司发布的报告预测,到2025年,所有新车都将具备联网功能,全球车联网市场将超过8 300亿美元。

首先,V2V通信和车联网可降低交通事故发生率。美国伊诺交通中心预测,若美国公路上90%的汽车实现联网和自动化,那么美国每年发生的交通事故将从600万起减少到130万起,死亡人数将从3.3万人减少到1.13万人。按照美国国家公路交通安全管理局的预测,搭载V2V通信技术的中轻型车辆可以避免80%的交通事故,重型车可以避免71%的事故。目前,人口老龄化已经成为趋势,而老人是交通事故的高发人群,若未来车辆具备联网和通信能力,则将有助于最大限度保障老人和行动不便者等特殊人群在复杂路况下的人身安全。

其次，V2V通信和车联网可降低交通拥堵，提高出行效率，并实现汽车节能和降低污染排放。发展车联网和智能交通可使交通拥堵减少60%，使现有道路交通网的通行能力提高2~3倍；在降低耗能和耗时方面，可减少停车次数30%，减少行车时间13%~45%，降低油耗15%[7]，从而改善交通状况，释放人力，提高社会交通效率。麦肯锡咨询公司调研发现，若以车联网为核心技术的无人驾驶汽车成为主流，则全球通勤者每天共可节省通勤时间10亿个小时。此外，车联网可推动自动驾驶的实现，将会把人的双手与眼睛从方向盘和前方路线上解放出来，在通勤的同时可以从事办公、娱乐、远程视频会议等其他活动。

现有的通信网络能力尚不能满足未来V2V通信和车联网应用的部署需求，业界寄希望于5G移动通信网络能为实现安全高效的出行体验提供支撑。5G移动通信融合了认知无线电、大规模阵列天线、波束赋形、毫米波和超密集组网等关键技术[8]，显著提高了移动通信系统的性能。在车联网应用场景中，相比IEEE(Institute of Electrical and Electronics Engineers)802.11p标准的通信，5G V2V通信和车联网的特点主要体现在低时延与高可靠性、频谱和能源高效利用、更加优越的通信质量等方面[9]。并且，基于5G通信技术的车联网不需要单独建设基站等基础设施，其可随着5G通信技术的广泛应用而普及，这为车联网的发展提供了历史性机遇。5G通信因其组网灵活、实时性高、超快速率等优点而被广泛关注，因此基于5G的V2V通信、车联网和由其构成的智能驾驶技术被通信与汽车产业领域作为解决道路交通安全问题和发展商业应用的重要研究方向[10]。

1.3 车联网无线通信发展动态

车联网和V2V通信作为信息化与工业化深度融合的重要领域，对促进信息通信、交通和汽车产业的融合和升级以及相关产业生态和价值链体系的重塑具有重要意义[5]。车联网和V2V通信自被提出后就受到了国内外学术界、产业界的广泛关注和研究，其已成为国内外新一轮科技创新和产业发展的必争之地，目前已进入产业爆发前的战略机遇期。

1986年，美国加州大学伯克利分校启动了先进交通技术伙伴项目PATH[11]，致力于智能交通技术研究，实现了关于汽车列队行驶的自动控制，应用无线通信技术较大地提高了交通安全和效率。2009~2012年，麻省理工学院开发了CarTel系统，该系统的信息来源为手机或者车辆的传感器，车载单元将采集到的数据处理后发送到服务器中，服务器进一步处理后向用户提供数据库查询、位置服务、交通预测、路况监控等服务[12]。2012年8月,美国交通部联合密歇根大学,在安娜堡市开展了基于IEEE 802.11p的车联网测试,共3 000辆汽车参与了测试。欧洲国家、日本和美国等在政府层面都推动了相关项目的研究[13]。2004年,德国启动了车轮上的网络项目NOW,主要研究了路径导航和车载无线V2V及V2I通信技术。

在欧洲第六框架计划中,相继启动了4个综合项目PReVENT、COOPERS、CVIS和SAFESPOT。在欧洲第七框架计划中,PRE-DRIVE-C2X项目和DRIVE C2X项目进行了V2V和V2I通信场地可操作性的测试工作。2001年,日本发布了V2I通信标准"专用短程通信系统ARIB",该系统采用TDMA(Time Division Multiple Access),工作频率为5.8 GHz,用于电子收费。2010年,日本完成Smart Way项目在全日本的推广布设,Smart Way由日本政府与23家企业共同发起,将车辆信息与通信系统VICS和已有的不停车收费平台相结合,利用车载导航设备搭载的5.8 GHz DSRC实现车辆与路侧设备的高速通信。

在日本ITS(Intelligent Transportation System)安全2010启动项目主题下,先进车辆安全活动项目AVSI利用基于扩展的ARIB STD T-75的CSMA(Carrier Sense Multiple Access)来解决V2V通信问题。

在美国,车辆与基础设施整合项目Ⅶ于2005年启动了概念性示范试验POC,在底特律市郊区部署了主要的测试环境,并完成了大量的概念性示范试验。2008年整合项目Ⅶ将研究重点确定为交通安全,并更名为IntelliDrive^{SM}。另外,美国车辆安全通信应用项目VSC-A则关注于车辆通信和相对位置,并对消息构造、功率测试、消息分发、多信道操作和标准协调及确认等通信技术进行了研究。2014年,美国交通运输部公布了《智能交通系统战略规划(2015~2019)》,这进一步表明美国已将"车联网""智能车路协同"等相关技术及其产业化上升为国家战略。

各汽车品牌和通信公司也纷纷对车联网和V2V通信展开研究,并陆续推出了相关产品。2003年,欧洲的奥迪、宝马、戴姆勒·克莱斯勒、菲亚特、雷诺及大众6家公司成立了非营利性的车辆间通信联盟C2C-CC,目的是开发利用WLAN(Wireless Local Area Networks)技术的V2V通信以及V2I通信的欧洲通用标准。2011年,GSM协会成立了车联网论坛CCF,旨在推动车联网在世界范围内的发展,论坛成员涵盖了全球主要的汽车厂商与电信运营商。2016年9月,戴姆勒、奥迪、宝马等汽车公司和华为、英特尔、爱立信等通信公司结盟,组成5G汽车联盟,旨在推进新一代智能互联汽车研发和车内5G通信技术的应用。

为促进车联网规模化和产业化发展,3GPP(3rd Generation Partnership Project)、IEEE等标准化组织和各国政府对车联网技术标准和使用频段展开了相应工作。车联网目前主要有两大技术标准DSRC和LTE-V。DSRC技术在1992年由美国ASTM开始发展,后以IEEE 802.11p(2010年7月发布)为基础,主要以分布式的形式来实现V2V和V2I通信。LTE-V技术是3GPP在原有LTE技术上提出的LTE V2X(Vehicle-to-Everything)，并作为Release 14的重要组成部分，以集中式和半集中式的形式来实现V2V和V2I通信。2016年9月，3GPP完成了V2V标准，支持基于短距离直接通信的V2V通信；2017年3月，3GPP LTE-V2X标准全面完成。目前，美国、欧盟、日本等对车联网都进行了频谱分配。1997年5月，美国联邦通信委员会(FCC)将5 850～5 925 MHz频段分配给运输服务领域的短程通信。2002年，欧盟在ECC/DEC决议中将5 795～5 815 MHz分配给V2I通信系统，2008年决定以专用频谱的形式将5 875～5 905 MHz分配给ITS安全业务，将5 855～5 875 MHz分配给ITS非道路安全业务，建议将5 905～5 925 MHz分配给ITS业务扩展频段。1994～2011年，日本总务省陆续将5 770～5 850 MHz划分为DSRC信道，主要用于VICS和不停车收费ETC应用，日本无线工业及商贸联合会(ARIB)将755.5～764.5 MHz分配给ITS道路安全业务。

  在我国，车联网研究起步稍晚，但近年来随着政府、汽车厂商和通信公司等大力推动，我国车联网研究和发展也逐步进入快车道。2011年，《国家"十二五"科学和技术发展规划》将车联网项目列为国家科技重大专项项目。2015年12月，工业和信息化部发布关于贯彻落实《国务院关于积极推进"互联网＋"行动的指导意见》的行动计划(2015～2018年)，第一次提出要出台《车联网发展创新行动计划(2015～2020年)》，同时提出要求推动车联网的技术研发和标准制定，并组织进行车联网试点和基于5G技术的车联网示范的开展。2016年，"加快构建车联网、船联网"作为未来5年中国计划实施的100个重大工程及项目之一被列入中国第十三个五年规划纲要草案中。2017年4月23日，IMT-2020(5G)推进组设立蜂窝车联网工作组(C-V2X工作组)，主要负责组织实施LTE-V2X和5G-V2X的技术研究、试验验证和产业应用推广等工作。2017年12月，工业和信息化部、国家标准化管理委员会联合制定发布了《国家车联网产业标准体系建设指南》，旨在进一步加强顶层设计，全面推动车联网的技术研发与标准制定，进而推动整个车联网产业的健康可持续发展。2018年1月，国家发改委发布《智能汽车创新发展战略》(征求意见稿)，提出要快速推进LTE-V2X车用无线通信网络部署，在重点地区和重点路段建立5G-V2X新一代车用无线通信网络。2022年4月，江苏省工业和信息化厅会同省委网信办、省发展改革委等13个部门联合印发《江苏省5G应用"领航"行动计划(2022～2024年)》，提出统筹"5G＋车联网"先导示范，在港口、工业园区、城市主干道、高速公路等环境中，打造不少于30个5G＋车联网应用场景，部署路侧单元(RSU)车联网道路300千米以上。2022年4月28日，《北京市智能网联汽车政策先行区乘用车无人化道路测试与示范应用管理实施细则(试行)》正式发布，在国内首开乘用车无人化运营试点。

国家自然科学基金委员会近年已资助了一批车联网相关研究课题,如"面向车联网的协作机制及可靠通信方法研究"(2015～2018年)、"智能车辆网基础理论与共性关键技术"(2016～2019年)、"SDN架构下异构车联网移动性管理机制研究"(2017～2020年)等。2007年,同济大学道路与交通工程教育部重点实验室在江苏省太仓市搭建了车路协同环境原型系统,并完成了紧急车辆信号控制优先通行、紧急事件广播、电车速度引导、换道超车辅助等应用的设计开发实验工作[14]。2010年,长安汽车与清华大学合作开展了基于机器视觉的车道偏离和前方障碍预警系统的研究,并完成了样车开发[13]。从2011年11月开始,由清华大学负责的国家863计划项目"智能车路协同关键技术研究"通过装配V2V、V2I协同设备的车辆,完成基于V2I交互的车辆安全辅助控制、基于V2V交互的车辆安全辅助控制、基于车路协同的主动交通协调控制与大规模车路协同系统仿真等工作[15]。2012年,长安大学、大唐电信等共同承担了国家物联网重大示范工程项目"基于物联网的城市智能交通关键技术——集成一体化车载通用感知终端设备的研发"的研究,以IEEE 802.11p进行V2V、V2I短距离通信,实现交通安全应用,以LTE实现中远距离交通信息服务应用[16-17]。长安大学和深圳市金溢科技有限公司,联合进行了"面向车联网的车载信息处理与应用"项目的研究[18],在车联网应用设计与测试、车联网相关技术研究和网络性能优化等方面开展了工作。2013年4月,重庆科技研究院成立国内首个"智能驾驶与车联网实验室",致力于实现路标感应、路况分析等十几项检测功能。2013年,同济大学杨晓光教授团队推出"智慧城市交通监测管理服务平台",通过汇集相关物联网和车联网的数据,对城市交通状态判别准确率达到90%以上。2015年,西南交通大学成立"现代交通通信与传感网络国际联合研究中心",主要研究车联网V2X关键技术、轨道交通通信信号系统新型安全网络等。2016年,同济大学和上海汽车集团股份有限公司签署了《共建共营智能网联汽车测评基地的合作协议》,未来将共同建设我国首个智能网联汽车测评基地,该基地将覆盖智能汽车测试评价所需要的100余个场景。2016年10月,清华大学牵头"智能电动汽车的感知、决策与控制关键基础问题研究"国家重点研发计划专项项目,重点研究智能电动汽车综合态势认知、智能决策、协同控制与系统集成等领域。

我国各汽车品牌和通信公司也纷纷对车联网展开研究,并陆续推出了相关产品。2010年,苏州金龙推出了G-BOS智慧运营系统,该系统不断收集发动机运行数据、车辆状况信息、驾驶员操控行为、GPS(Global Positioning System)定位信息等,通过3G网络(3rd Generation Cellular Networks)将所有信息传递到数据处理中心,并将处理后的信息实时提供给驾驶员,该系统可视为车联网智能平台的雏形。2011年,大唐电信与长春一汽携手共建联合实验室,研究下一代通信服务与汽车电子产品的融合。2013年，比亚迪思锐"云服务"实现了手机端、电脑端、车载终端间的无缝连接，用户通过3G信号全面掌控汽车，还能实现V2V的互联。2014年4月，阿里巴巴宣布与上汽集团在系统和数据层面进行合作，整合阿里旗下阿里云计算、高德导航、阿里通信等应用服务资源，共同打造互联网汽车及其生态圈。2014年5月，腾讯推出了第一款车联网入口级产品"路宝盒子"，该产品首先通过统一的车载自动诊断系统收集车辆的基本数据及行驶数据，然后通过手机应用将分析结果反馈给用户。2015年1月，百度宣布推出车联网解决方案CarLife，并与奥迪、现代和上海通用等汽车厂商达成合作，以平台和人工智能为切入点进入车联网领域。2016年4月，长安汽车研发的自动驾驶汽车成功完成了逾2 000千米的自动驾驶测试，智能化水平已达智能网联汽车三级标准。2018年3月，上海汽车集团股份有限公司和上海蔚来汽车有限公司取得了首批智能网联汽车开放道路测试号牌，获得了智能网联汽车的道路测试资格。2021年12月23日，华为首款鸿蒙汽车"AITO问界M5"正式发布。2022年4月，小马智行宣布中标广州市南沙区2022年出租车运力指标，这是国内首个颁发给自动驾驶企业的出租车经营许可，中标通知明确，允许符合广州市智能网联汽车示范运营安全技术要求的自动驾驶车辆提供出租车经营服务。

　　对于车联网技术标准和使用频段，我国也展开了相应工作。我国企业（如华为和大唐）主要关注LTE-V技术标准，利用电信运营商的LTE网络进行车联网应用信息交互。我国于2007年发布ETC相关国标GB/T 20851.1—2007，规定下行有两个信道，分别是5.83 GHz和5.84 GHz，上行也有两个信道，分别为5.79 GHz和5.8 GHz，带宽均小于或等于5 MHz。工信部在2013年9月发布规划将5 725～5 850 MHz频段作为宽带无线接入系统、智能交通专用无线通信系统（包括电子收费等）、点对点或点对多点扩频通信系统及通用微功率（短距离）无线电发射设备等无线电台站的使用频段。2016年11月，工信部批复IMT-2020(5G)推进组与车载信息服务产业应用联盟，将5.905～5.925 GHz频段用于LTE-V2X直接通信技术测试，开展通信性能和互操作测试。2021年12月22日，工信部批准513项行业标准，其中包括3项车联网行业标准：YD/T 3957—2021《基于LTE的车联网无线通信技术安全证书管理系统技术要求》、YD/T 3977—2021《增强的V2X业务应用层交互数据要求》、YD/T 3978—2021《基于车路协同的高等级自动驾驶数据交互内容》。

　　车联网是贯彻落实"互联网＋"战略的重要领域，对推动汽车、信息通信、交通运输等产业的转型升级具有重要意义。目前，我国车联网总体发展仍处于起步阶段，"云""管""端"为主要业务形态，而V2V通信技术目前还处于研发测试阶段[5]，尚有诸多难题亟待解决。

第2章 车车通信三维多重动态散射信道模型与特性

　　大容量的信息传输是V2V通信有效提高交通安全水平的关键,而任何信息的传输都离不开各种媒质构成的信道,V2V通信传输性能就受无线信道环境的直接制约。合适的信道模型及信道特性对系统的设计和优化极为重要,因此,研究V2V信道模型及其特性对实现V2V大容量传输技术和通信性能提升具有重要意义。然而,与传统蜂窝系统固定-移动(Fixed-to-Mobile,F2M)通信不同,V2V通信发送端和接收端车辆都可运动,且车辆的运动速度和方向可非线性变化;V2V通信用户位置较低,收发端周围散射体更多,且很多散射体(如行人、过往车辆、摆动的树叶等)也处于运动状态,信号可能会经历多次动态散射。因此,复杂的动态信道环境为合适的V2V空时信道模型及其特性的建立和分析带来了严峻挑战。为此,各位研究者已做了大量工作,但还存在一些不足:现有文献假设传输信号只经历一次或两次散射后到达接收端,而在实际通信中,传输信号经历多重动态散射是不可避免的[57-61],尤其是在具有更高密度动静态散射体的V2V通信场景;现有V2V研究文献多假设收发端以固定速度沿固定方向运动,少量文献假设收发端运动速度和方向仅在2D空间线性变化,然而实际上车辆的运动速度和方向会在3D空间上发生非线性变化,尤其是在道路拥堵、十字路口转弯和立交桥上下坡等场景。

　　针对现有国内外研究成果的不足,本章提出一个3D MIMO V2V多重动态散射信道模型,推导空时相关函数、时间相关函数、空间相关函数和多普勒功率谱密度等信道统计特性,并分析不同散射模式、散射体速度分布和散射次数对信道统计特性的影响。同时,基于该散射信道模型,建立收发端运动速度和方向的非线性变化模型,并分析不同道路场景(如直行平坦道路、十字路口和弧形立交等)对信道统计特性的影响。最后,将多普勒功率谱密度与现有模型及测量数据进行对比,以验证本书所提模型的有效性。

2.1 国内外研究现状

信道模型及特性对于通信系统和传输技术的设计以及开展新系统之前靠计算机仿真来评估性能十分重要。研究信道特性,首先要建立信道模型,信道模型用于产生信道冲激响应或传输函数,这两者是等价的,通过傅里叶变换相互转化,一个准确的信道模型可以呈现可靠的系统仿真结果。在V2V通信中,有三类基本的建模方法[19]:确定性建模[20-22],随机性建模[23]和基于几何的随机信道建模[24-25]。

V2V通信是一种典型的移动-移动(Mobile-to-Mobile,M2M)通信,M2M信道建模及特性现有研究成果对V2V通信的相应研究具有重要参考意义。与传统F2M蜂窝通信系统不同,M2M通信系统中发送端和接收端都可处于运动状态。M2M信道容量和链路质量受周围环境快速变化的影响较大,合适的信道模型及信道特性对系统的设计和优化极为重要[26]。目前,已有多种类型的M2M信道模型被提出,其发展历程可概括为:从二维(Two-Dimensional,2D)[27-30,63-65]和三维(Three-Dimensional,3D)静态散射模型[31-34]到2D[40-50]和3D动态散射模型[53-56,62]。其中,静态散射模型假设散射体处于静止状态,而动态散射模型假设散射体处于运动状态。

在静态散射M2M信道模型中,文献[27]和[28]首次提出了一个单入单出(Single-Input-Single-Output,SISO)各向同性散射瑞利(Rayleigh)信道模型,为后续各类M2M信道模型的建立提供了重要参考。静态散射模型假设散射体静止,然而动态散射体在实际通信中是普遍存在的,如摇曳的树叶、行人和行驶的车辆等。已有文献对动态散射体对信道特性的影响进行了深入研究,其中文献[35-39]在有视距(Line-of-Sight,LoS)和单跳(Single Bounced,SB)散射路径条件下针对2D F2M和固定-固定(Fixed-to-Fixed,F2F)蜂窝系统信道进行了研究。研究表明,动态散射体对信道特性,尤其是高频信道特性有较大影响。

近年来,动态散射M2M信道建模和信道特性研究取得了较大进展。文献[40]提出了一种动态多入多出(Multiple-Input-Multiple-Output,MIMO)散射无线信道模型,并分析了散射体及收发多天线的运动对MIMO无线信道空域相关性及其容量的影响。文献[41]和[42]基于平面街道几何模型提出了一个非稳态MIMO V2V信道模型,并分析了静态和动态散射体对信道特性的影响。文献[43]和[44]假设本地散射体以随机速度和随机方向运动,提出了一个SISO V2V信道模型,该模型不对散射体的具体位置进行限制。文献[45]假设静态散射体均匀分布在道路两侧,动态散射体均匀分布在路面,提出了一个基于几何的非稳态宽带MIMO V2V信道模型。文献[46]和[47]面向城市峡谷环境,研究了静态和动态散射体对宽带V2V通信多普勒谱的影响。文献[48]针对室内环境,假设本地散射体以随机速度和随机方向运动,研究了M2M信道的时间自相关函数,并将相关函数与测试数据作了对比。文献[49]针对路边环境,提出了一个空间V2V信道模型,其假设收发端和散射体都做匀速直线运动,并据此推导了一些重要的信道统计特性,如相关函数和多普勒扩展等。文献[50]提出了一个包含一次散射发射、一次散射接收、两次散射和视距分量的V2V信道模型,并在假设移动散射体的运动速度和方向都随机,且运动速度较小和较大的散射体速度分别用指数分布和混合高斯分布来描述的情况下,给出了信道的复增益、自相关函数和多普勒功率谱密度。

文献[40-50]都是基于2D空间,并假设存在LoS、SB或两跳(Double Bounced, DB)散射条件时,对动态散射M2M信道及其特性展开研究的。然而,文献[51]的测量结果表明,在市区通信场景中,接收端接收的信号功率仰角可达40°。另外,文献[52]的测量结果也表明,在室外对室内通信环境中,接收端接收的信号功率平均仰角为1.8°,在市区宏蜂窝通信中,接收端接收的信号功率平均仰角为17.1°。由于收发端高度不同和散射体3D空间分布,大多实际M2M通信是在3D空间中进行的,如市区V2V通信、低仰角空地(Air-to-Ground, A2G)通信等。因此,2D信道模型及其特性无法包含信道的全部空间信息,必须研究3D V2V/M2M信道模型及其信道特性。文献[53]和[54]面向航空移动3D非稳态通信环境,假设存在SB散射条件,推导了立体空域内散射体相对于收发端随机运动时的时域自相关函数。文献[55]基于双圆柱模型,假设存在LoS、SB和DB散射条件,并把散射体速度视为常量,提出了一个包含静态和动态散射体的3D窄带V2V信道模型,文献[56]把这一工作扩展到了宽带信道情形。文献[55]和[56]对散射体的位置做了限制,其中移动散射体位于圆柱模型的底面,即位于2D平面上。

以上文献都假设M2M传输信号只经历一次或两次散射后到达接收端,但由文献[57-61]可知,在实际通信中,传输信号经历多重散射不可避免。V2V通信场景一般具有更高密度的动态散射体,传输信号更会经历多重动态散射。文献[62]面向3D V2V通信场景,首次研究了多重动态散射体对多普勒谱的影响,然而其并未考虑散射跳数、散射体速度和方向分布、离开角和到达角分布、天线阵元间距变化、各向/非各向同性散射等诸多因素的影响,也未针对空时相关函数、时间相关函数等重要信道统计特性展开深入研究。

以上现有V2V通信研究文献都假设收发端以固定速度大小和固定方向运动,然而实际车辆的运动速度大小和方向都是时变的,尤其是在道路拥堵、十字路口转弯和立交桥上下坡等场景。因此,在研究V2V信道特性时,需要考虑收发端时变运动速度和方向对V2V通信带来的影响。文献[63]假设M2M通信中收发端运动速度线性变化，提出了一个2D静态散射信道模型。文献[64]提出了一个非稳态静态散射M2M信道模型，模型假设收发端的速度大小和方向都可线性变化，并考虑了各向同性散射和非各向同性散射两种情形，据此推导了自相关函数、平均多普勒频移等信道特性。文献[64]同样假设收发端的速度大小和方向都可线性变化，提出了一个非广义平稳非相关静态散射M2M信道模型，并推导出了时频相关函数。但是，文献[63]和[64]所提模型都是2D静态散射模型，且收发端速度大小和方向都假设为线性变化，未考虑3D动态散射带来的影响，且实际车辆的运动速度和方向是非线性变化的，如在市区拥堵场景下。

综上所述，现有文献针对V2V信道模型和特性的深入研究还存在不足，尚未考虑3D空间中多重动态散射和收发端运动速度及方向非线性变化带来的影响。

2.2　车车通信三维多重动态散射信道模型

2.2.1　几何传播模型

3D MIMO V2V通信几何传播模型如图2.1(假设$q=p=1$)所示，图中实体方块表示运动的散射体，空白圆圈表示天线阵元。本书假设发射端和接收端之间存在LoS路径和非视距(Non-Line-of-Sight, NLoS)路径，其中LoS路径电磁波沿x轴正方向由发射端T_x到达接收端R_x，NLoS路径电磁波以离开角(Angle of Departure, AoD)被发出，经多跳(Multiple Bounced, MB)动态散射后以到达角(Angle of Arrival, AoA)到达接收端(单跳和两跳视为MB的特例)。发射端和接收端都装有均匀线性阵列，并分别具有Q个和P个全向天线阵元。由于远程散射体散射的电磁波能量较小，本书主要考虑本地散射体的影响，并且不限制本地散射体的具体位置。假设收发端在3D空间中以非线性变化的速度沿非线性变化的方向运动，本地散射体在3D空间中以随机速度沿随机方向运动。表2.1总结了几何传播模型中使用的参数。

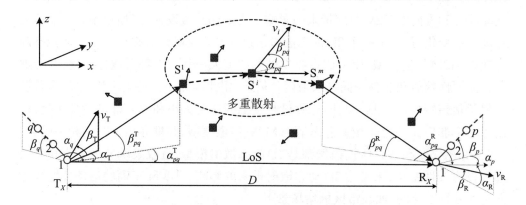

图 2.1　3D MIMO V2V 通信几何传播模型

表 2.1　几何传播模型参数

参　数	定　义	属　性
T_X, R_X	发射端和接收端	符号,符号
S^1, S^i, S^m	NLoS 路径中第 1、i 和 m 个散射体	符号,符号,符号
D	收发端距离	变量
q, p	发端和收端阵元编号	变量,变量
Q, P	发端和收端阵元数目	常量,常量
d_T, d_R	发端和收端相邻阵元间间距	变量,变量
α_q, β_q	发端阵列方向方位角和俯仰角	常量,常量
α_p, β_p	收端阵列方向方位角和俯仰角	常量,常量
$\alpha_{pq}^T, \beta_{pq}^T$	电磁波离开角 AoD 方位角和俯仰角	随机变量,随机变量
$\alpha_{pq}^R, \beta_{pq}^R$	电磁波到达角 AoA 方位角和俯仰角	随机变量,随机变量
v_T, v_R, v_{pq}^i	发端、收端和散射体 S^i 运动速度	变量,变量,随机变量
α_T, β_T	发端运动方向方位角和俯仰角	变量,变量
α_R, β_R	收端运动方向方位角和俯仰角	变量,变量
$\alpha_{pq}^i, \beta_{pq}^i$	散射体 S^i 运动方向方位角和俯仰角	随机变量,随机变量

2.2.2　参考信道模型

由图 2.1 几何传播模型可知,V2V 通信中从发射端阵元 q 到接收端阵元 p 的复衰落信号包络由 LoS 部分和 NLoS 部分构成,即

$$h_{pq}(t) = h_{pq}^{\text{LoS}}(t) + h_{pq}^{\text{MB}}(t) \tag{2.1}$$

$$h_{pq}^{\text{LoS}}(t) = \rho_{pq} \exp\left\{ j\left[2\pi f_{pq,\rho} t + 2\pi \left(f_{pq,\rho}^q + f_{pq,\rho}^p \right) + \theta_{pq,\rho} \right] \right\} \tag{2.2}$$

$$h_{pq}^{\mathrm{MB}}(t)=\sum_{m=1}^{M}\sqrt{p_m}\,h_{pq}^m(t) \tag{2.3}$$

$$h_{pq}^m(t)=\lim_{N_m\to\infty}\sum_{n_m=1}^{N_m}c_{pq,n_m}\exp\left\{\mathrm{j}\left[2\pi f_{pq,n_m}t+2\pi\left(f_{pq,n}^q+f_{pq,n}^p\right)+\theta_{pq,n_m}\right]\right\} \tag{2.4}$$

其中，$h_{pq}^{\mathrm{LoS}}(t)$为LoS部分复衰落信号包络，由文献[122]中公式(3.17)扩展而来；$h_{pq}^{\mathrm{MB}}(t)$为NLoS多重MB动态散射部分复衰落信号包络，由M个散射重数为$m\in\{1,2,3,\cdots,M\}$的m重(mB)散射复衰落信号包络$h_{pq}^m(t)$构成；$h_{pq}^m(t)$由文献[122]中公式(3.12)扩展而来；ρ_{pq}，$f_{pq,\rho}$，$\theta_{pq,\rho}$，$f_{pq,\rho}^q$和$f_{pq,\rho}^p$分别表示LoS路径的包络幅度、多普勒频率、相位、发端阵元q的相对频移和收端阵元p的相对频移。公式(2.3)中，M为各路径中最大的散射重数，p_m表示散射重数为m的电磁波能量与NLoS电磁波总能量的比值；N_m表示散射重数为m的路径数；c_{pq,n_m}，f_{pq,n_m}，θ_{pq,n_m}，$f_{pq,n}^q$和$f_{pq,n}^p$分别表示N_m个路径中第n_m个路径的包络幅度、多普勒频率、相位、发端阵元q的相对频移和收端阵元p的相对频移。

上述包络幅度、多普勒频率、相对频移和相位计算如下。

1. 包络幅度

由中心极限定理可知，$h_{pq}^m(t)$为一复数值高斯随机过程，其均值为0，方差为

$$2\sigma_m^2=\mathrm{Var}\{h_{pq}^m(t)\}=\lim_{N_m\to\infty}\sum_{n_m}^{N_m}E\left[c_{pq,n_m}^2\right]$$

其中，p_m为$h_{pq}^m(t)$与$h_{pq}^{\mathrm{MB}}(t)$的功率比值，因此$\sum_{m=1}^{M}p_m=1$。本书对$h_{pq}(t)$的功率进行归一化，即$2\sum_{m=1}^{M}p_m\sigma_m^2+\rho_{pq}^2=1$，所以莱斯(Rice)因子可以表示为

$$K=\frac{\rho_{pq}^2}{2\sum_{m=1}^{M}p_m\sigma_m^2}$$

2. 多普勒频率与阵元相对频移

多普勒频率主要受收发端及散射体运动与电磁波传播方向的影响，其中，$f_{pq,\rho}$主要取决于T_X和R_X的运动速度(大小及方向)与电磁波AoD和AoA方向的相对关系，f_{pq,n_m}主要取决于T_X、R_X和多重散射体的运动速度(大小及方向)与电磁波AoD和AoA方向的相对关系。阵元相对频移主要由传播链路$h_{pq}(t)$和$h_{11}(t)$的传播距离差决定，其中，$f_{pq,\rho}^q$和$f_{pq,n}^q$主要取决于发端阵元q的空间位置与电磁波AoD

和 AoA 方向的相对关系，$f_{pq,p}^p$ 和 $f_{pq,n}^p$ 主要取决于收端阵元 p 的空间位置与电磁波 AoD 和 AoA 方向的相对关系。

(1) NLoS 部分多普勒频率与阵元相对频移

公式(2.4)中多普勒频率 f_{pq,n_m} 由收发端和多重散射体运动而产生，表达式可以写为

$$f_{pq,n_m} = f_{pq}^T + f_{pq}^R + f_{pq,n_m}^{AoD} + f_{pq,n_m}^{AoA} \tag{2.5}$$

其中，f_{pq}^T、f_{pq,n_m}^{AoD}、f_{pq,n_m}^{AoA}、f_{pq}^R 分别为由发端阵元 q 运动、相对 AoD 方向散射体 S^n 运动、相对 AoA 方向散射体 S^n 运动、收端阵元 p 运动所导致的多普勒频率。

AoD 方向的单位向量可表示为

$$\boldsymbol{P}_{AoD} = \left(\cos\beta_{pq}^T \cos\alpha_{pq}^T, \cos\beta_{pq}^T \sin\alpha_{pq}^T, \sin\beta_{pq}^T\right) \tag{2.6}$$

同理，T_x 运动方向单位向量可表示为

$$\boldsymbol{P}_{T_x} = \left(\cos\beta_T \cos\alpha_T, \cos\beta_T \sin\alpha_T, \sin\beta_T\right) \tag{2.7}$$

那么，T_x 在 $\boldsymbol{P}_{AoD}$ 上的投影长度为

$$\begin{aligned} l_{T_x\text{-}AoD} &= \boldsymbol{P}_{T_x} \cdot \boldsymbol{P}_{AoD} = \cos\beta_{pq}^T \cos\alpha_{pq}^T \cos\beta_T \cos\alpha_T \\ &\quad + \cos\beta_{pq}^T \sin\alpha_{pq}^T \cos\beta_T \sin\alpha_T + \sin\beta_{pq}^T \sin\beta_T \\ &= \cos\left(\alpha_T - \alpha_{pq}^T\right)\cos\beta_T \cos\beta_{pq}^T + \sin\beta_T \sin\beta_{pq}^T \end{aligned} \tag{2.8}$$

则，单位时间 T_x 运动向量在 $\boldsymbol{P}_{AoD}$ 上的投影长度为

$$l_{v_T\text{-}AoD} = v_T\left[\cos\left(\alpha_T - \alpha_{pq}^T\right)\cos\beta_T \cos\beta_{pq}^T + \sin\beta_T \sin\beta_{pq}^T\right] \tag{2.9}$$

上述投影长度为电磁波在阵元 q 运动前后的传播路程差，则该传播路程差对应的多普勒频率为

$$f_{pq}^T = \frac{l_{v_T\text{-}AoD}}{\lambda} = \frac{v_T f_0}{c}\left[\cos\left(\alpha_T - \alpha_{pq}^T\right)\cos\beta_T \cos\beta_{pq}^T + \sin\beta_T \sin\beta_{pq}^T\right] \tag{2.10}$$

其中，λ 为载波波长，f_0 为载波频率，c 为光速。

同理

$$f_{pq}^R = \frac{v_R f_0}{c}\left[\cos\left(\alpha_R - \alpha_{pq}^R\right)\cos\beta_R \cos\beta_{pq}^R + \sin\beta_R \sin\beta_{pq}^R\right] \tag{2.11}$$

由文献[123]可知，信号经历速度为 $v_i \ll c$ 的 m 次动态散射后产生的最大多普勒频率为

$$f_m^{\max} = \frac{f_0}{c}\left(v_1 + 2\sum_{i=2}^{m-1} v_i + v_m\right) \tag{2.12}$$

所以，f_{pq,n_m}^{AoD} 和 f_{pq,n_m}^{AoA} 分别为[62]

$$f_{pq,n_m}^{AoD} \approx \frac{f_0}{c}\left(v_{pq}^1 P_{pq}^{AoD,1} + 2\sum_{i=2}^{m-1} v_{pq}^i P_{pq}^{AoD,i} + v_{pq}^m P_{pq}^{AoD,m}\right) \tag{2.13}$$

$$f_{pq,n_m}^{\text{AoA}} \approx \frac{f_0}{c}\left(v_{pq}^1 P_{pq}^{\text{AoA},1} + 2\sum_{i=2}^{m-1} v_{pq}^i P_{pq}^{\text{AoA},i} + v_{pq}^m P_{pq}^{\text{AoA},m}\right) \quad (2.14)$$

其中，$P_{pq}^{\text{AoD},i}$ 和 $P_{pq}^{\text{AoA},i}(i=1,2,3,\cdots,m)$ 分别为

$$P_{pq}^{\text{AoD},i} = \cos(\alpha_{pq}^i - \alpha_{pq}^{\text{T}})\cos\beta_{pq}^i \cos\beta_{pq}^{\text{T}} + \sin\beta_{pq}^i \sin\beta_{pq}^{\text{T}} \quad (2.15)$$

$$P_{pq}^{\text{AoA},i} = \cos(\alpha_{pq}^i - \alpha_{pq}^{\text{R}})\cos\beta_{pq}^i \cos\beta_{pq}^{\text{R}} + \sin\beta_{pq}^i \sin\beta_{pq}^{\text{R}} \quad (2.16)$$

将式(2.10)、(2.11)、(2.13)和(2.14)代入式(2.5)，则公式(2.4)中多普勒频率 f_{pq,n_m} 即可求得。若令 $\beta_{\text{T}} = \beta_{\text{R}} = \beta_{pq}^{\text{T}} = \beta_{pq}^{\text{R}} = \beta_{pq}^i = 0$ 和 $m=1$，即 2D 单跳动态散射场景，则式(2.4)可退化为文献[43]中的公式(7)和文献[44]中的公式(5)(因角度表达方式不同，所以式中正负号不尽相同)。

采用类似方法，公式(2.4)中 $f_{pq,n}^q$ 和 $f_{pq,n}^p$ 可分别计算得

$$f_{pq,n}^q = \frac{(q-1)d_{\text{T}} f_0}{c}\left[\cos(\alpha_q - \alpha_{pq}^{\text{T}})\cos\beta_q \cos\beta_{pq}^{\text{T}} + \sin\beta_q \sin\beta_{pq}^{\text{T}}\right] \quad (2.17)$$

$$f_{pq,n}^p = \frac{(p-1)d_{\text{R}} f_0}{c}\left[\cos(\alpha_p - \alpha_{pq}^{\text{R}})\cos\beta_p \cos\beta_{pq}^{\text{R}} + \sin\beta_p \sin\beta_{pq}^{\text{R}}\right] \quad (2.18)$$

(2) LoS 部分多普勒频率与阵元相对频移

由于 $\max(d_{\text{T}}, d_{\text{R}}) \ll D$，LoS 的 AoD 和 AoA 的方位角和俯仰角可视为 $(0,0)$。采用与上述方法(1)类似方法，公式(2.2)中的 $f_{pq,\rho}$，$f_{pq,\rho}^q$ 和 $f_{pq,\rho}^p$ 分别为

$$f_{pq,\rho} = f_{pq,\rho}^{\text{T}} + f_{pq,\rho}^{\text{R}} = \frac{f_0}{c}(v_{\text{T}} \cos\alpha_{\text{T}} \cos\beta_{\text{T}} + v_{\text{R}} \cos\alpha_{\text{R}} \cos\beta_{\text{R}}) \quad (2.19)$$

$$f_{pq,\rho}^q = \frac{(q-1)d_{\text{T}} f_0}{c} \cos\alpha_q \cos\beta_q \quad (2.20)$$

$$f_{pq,\rho}^p = \frac{(p-1)d_{\text{R}} f_0}{c} \cos\alpha_p \cos\beta_p \quad (2.21)$$

(3) 相位

本章假设 $\theta_{pq,\rho}$ 为常数[122]，而 θ_{pq,n_m} 由信号与散射体相互作用产生的相移和第一个到最后一个散射体之间的传播距离差产生的相移组成。不失一般性，本章假设对于 $m=1,2,3,\cdots,M$，M 个相位 θ_{pq,n_m} 相互独立，且 θ_{pq,n_m} 在 $[0,2\pi)$ 区间内服从均匀分布，并与其他变量相互独立。

2.3　空时相关函数与多普勒功率谱密度

复衰落信号包络 $h_{pq}(t)$ 和 $h_{\overline{pq}}(t)$ 之间的空时相关函数定义为

$$R_{\overline{pq},pq}(d_T,d_R,\tau)=E\left[h_{\overline{pq}}(t)^*h_{pq}(t+\tau)\right] \quad (2.22)$$

其中，$E(\cdot)$ 表示统计平均运算，$(\cdot)^*$ 表示复共轭运算，τ 表示时间隔间，而 $p,\overline{p}\in\{1,2,3,\cdots,P\}$，$q,\overline{q}\in\{1,2,3,\cdots,Q\}$。若令公式(2.22)中 $\tau=0$，则式(2.22)退化为 $h_{pq}(t)$ 和 $h_{\overline{pq}}(t)$ 之间的空间相关函数；若令公式(2.22)中 $p=\overline{p}$ 和 $q=\overline{q}$，则式(2.22)退化为 $h_{pq}(t)$ 的时间相关函数。

因为 $h_{pq}^1(t),h_{pq}^2(t),\cdots,h_{pq}^M(t)$ 和 $h_{pq}^{LoS}(t)$ 是相互独立的，所以公式(2.22)可化为

$$\begin{aligned}R_{\overline{pq},pq}(d_T,d_R,\tau)&=R_{\overline{pq},pq}^{MB}(d_T,d_R,\tau)+R_{\overline{pq},pq}^{LoS}(d_T,d_R,\tau)\\&=\sum_{m=1}^M p_m R_{\overline{pq},pq}^m(d_T,d_R,\tau)+R_{\overline{pq},pq}^{LoS}(d_T,d_R,\tau)\end{aligned} \quad (2.23)$$

其中，$R_{\overline{pq},pq}^m(d_T,d_R,\tau)$ 为 $h_{pq}(t)$ 和 $h_{\overline{pq}}(t)$ 的 m 跳散射路径之间的空时相关函数，$R_{\overline{pq},pq}^{LoS}(d_T,d_R,\tau)$ 为 $h_{pq}(t)$ 和 $h_{\overline{pq}}(t)$ 的 LoS 路径之间的空时相关函数，它们可分别定义为

$$R_{\overline{pq},pq}^m(d_T,d_R,\tau)=E\left[h_{\overline{pq}}^m(t)^*h_{pq}^m(t+\tau)\right] \quad (2.24)$$

$$R_{\overline{pq},pq}^{LoS}(d_T,d_R,\tau)=E\left[h_{\overline{pq}}^{LoS}(t)^*h_{pq}^{LoS}(t+\tau)\right] \quad (2.25)$$

2.3.1 直视路径空时相关函数

将公式(2.2)代入式(2.25)，则可得直视路径空时相关函数为

$$\begin{aligned}R_{\overline{pq},pq}^{LoS}(d_T,d_R,\tau)=\rho_{pq}\rho_{\overline{pq}}E\Big\{\exp\Big\{j\Big[&2\pi t(f_{pq,\rho}-f_{\overline{pq},\rho})+2\pi f_{pq,\rho}\tau\\&+2\pi(f_{pq,\rho}^q+f_{pq,\rho}^p-f_{pq,\rho}^{\overline{q}}-f_{pq,\rho}^{\overline{p}})+\theta_{pq,\rho}-\theta_{\overline{pq},\rho}\Big]\Big\}\Big\}\end{aligned} \quad (2.26)$$

因为 $\max(d_T,d_R)\ll D$，在这里假设

$$\rho_{pq}=\rho_{\overline{pq}}$$

和

$$E\left\{\exp\left[j2\pi(f_{pq,\rho}-f_{\overline{pq},\rho})\right]\right\}=E\left\{\exp\left[j(\theta_{pq,\rho}-\theta_{\overline{pq},\rho})\right]\right\}=1$$

则式(2.26)简化为

$$\begin{aligned}R_{\overline{pq},pq}^{LoS}(d_T,d_R,\tau)&=\rho_{pq}^2 E\left\{\exp\left[j2\pi(f_{pq,\rho}\tau+\Delta f_\rho)\right]\right\}\\&=\rho_{pq}^2\exp\left[j2\pi(f_{pq,\rho}\tau+\Delta f_\rho)\right]\end{aligned} \quad (2.27)$$

其中，Δf_ρ 定义为

$$\Delta f_\rho = f_{pq,\rho}^q + f_{pq,\rho}^p - f_{pq,\rho}^{\bar q} - f_{pq,\rho}^{\bar p} \tag{2.28}$$

将式(2.20)和式(2.21)代入式(2.28)，则

$$\Delta f_\rho = \frac{f_0}{c}\left[(q-\bar q)d_{\mathrm T}\cos\alpha_q\cos\beta_q + (p-\bar p)d_{\mathrm R}\cos\alpha_p\cos\beta_p\right] \tag{2.29}$$

将式(2.19)和式(2.29)代入式(2.27)，则可获得直视路径空时相关函数表达式。

2.3.2 m跳散射路径空时相关函数

将公式(2.4)代入式(2.24)，则m跳散射路径空时相关函数为

$$\begin{aligned}R_{\overline{pq},pq}^m(d_{\mathrm T},d_{\mathrm R},\tau) =& \lim_{N_m\to\infty}\lim_{N_m\to\infty}\sum_{n_m=1}^{N_m} c_{\overline{pq},n_m}\sum_{n_m=1}^{N_m} c_{pq,n_m} \\ &\times E\Big\{\exp\Big\{\mathrm j\Big[2\pi\big(f_{pq,n_m}-f_{\overline{pq},n_m}\big)t + 2\pi f_{pq,n_m}\tau \\ &+ 2\pi\big(f_{pq,n}^q + f_{pq,n}^p - f_{pq,n}^{\bar q} - f_{pq,n}^{\bar p}\big) + \theta_{pq,n_m}-\theta_{\overline{pq},n_m}\Big]\Big\}\Big\}\end{aligned} \tag{2.30}$$

因为θ_{pq,n_m}和$\theta_{\overline{pq},n_m}$在区间$[0,2\pi)$上服从均匀分布，所以

$$E\Big\{\exp\Big[\mathrm j\big(\theta_{pq,n_m}-\theta_{\overline{pq},n_m}\big)\Big]\Big\}=1$$

本章假设每一个m跳散射路径包络的幅度近似相等，那么

$$c_{\overline{pq},n_m} = c_{pq,n_m} = \sigma_m\sqrt{\frac{2}{N_m}}$$

则式(2.30)可简化为

$$R_{\overline{pq},pq}^m(d_{\mathrm T},d_{\mathrm R},\tau) = 2\sigma_m^2\lim_{N_m\to\infty}\sum_{n_m=1}^{N_m} E\Big\{\exp\Big[\mathrm j2\pi\big(f_{pq,n_m}\tau + \Delta f_{n_m}\big)\Big]\Big\} \tag{2.31}$$

其中，Δf_{n_m}定义为

$$\Delta f_{n_m} = f_{pq,n}^q + f_{pq,n}^p - f_{pq,n}^{\bar q} - f_{pq,n}^{\bar p} \tag{2.32}$$

这里假设$h_{pq}^m(t)$和$h_{\overline{pq}}^m(t)$的AoD与AoA独立同分布，则将式(2.17)和式(2.18)代入式(2.32)得

$$\begin{aligned}\Delta f_{n_m} =& \frac{f_0}{c}\Big\{(q-\bar q)d_{\mathrm T}\big[\cos(\alpha_q-\alpha_{pq}^{\mathrm T})\cos\beta_q\cos\beta_{pq}^{\mathrm T}+\sin\beta_q\sin\beta_{pq}^{\mathrm T}\big] \\ &+ (p-\bar p)d_{\mathrm R}\big[\cos(\alpha_p-\alpha_{pq}^{\mathrm R})\cos\beta_p\cos\beta_{pq}^{\mathrm R}+\sin\beta_p\sin\beta_{pq}^{\mathrm R}\big]\Big\}\end{aligned} \tag{2.33}$$

因为本地散射体数目近似无穷，所以参数$\alpha_{pq}^{\mathrm T}$，$\beta_{pq}^{\mathrm T}$，$\alpha_{pq}^{\mathrm R}$，$\beta_{pq}^{\mathrm R}$和β_{pq}^i可视为连续随机变量，那么m跳散射路径空时相关函数(2.31)可转化为

$$R_{\overline{pq},pq}^{m}(d_T,d_R,\tau)=2\sigma_m^2\int\cdots\iint\cdots\iint\cdots\iiiint\exp\left[j2\pi(f_{pq,n_m}\tau+\Delta f_{n_m})\right]$$
$$\times\prod_{i=1}^{m}p(\nu_{pq}^i)\prod_{i=1}^{m}p(\alpha_{pq}^i,\beta_{pq}^i)p(\alpha_{pq}^T,\beta_{pq}^T,\alpha_{pq}^R,\beta_{pq}^R) \quad (2.34)$$
$$d\nu_{pq}^1\cdots d\nu_{pq}^m d\alpha_{pq}^1\cdots d\alpha_{pq}^m d\beta_{pq}^1\cdots d\beta_{pq}^m d\alpha_{pq}^T d\beta_{pq}^T d\alpha_{pq}^R d\beta_{pq}^R$$

其中，$p(\cdot,\cdot,\cdots)$ 为联合概率密度函数（PDF）。将式（2.27）和式（2.34）代入式（2.23），则复衰落信号包络 $h_{pq}(t)$ 和 $h_{\overline{pq}}(t)$ 之间的空时相关函数 $R_{\overline{pq},pq}(d_T,d_R,\tau)$ 即可获得。

由于联合 PDF 的求解十分复杂，根据文献[43]、[44]、[124]和[125]可知，AoA 和 AoD 可以假设为相互独立；根据文献[55]、[56]和[124]可知，俯仰角和方位角可以假设为相互独立。所以，公式（2.34）

$$p(\alpha_{pq}^i,\beta_{pq}^i)=p(\alpha_{pq}^i)p(\beta_{pq}^i), p(\alpha_{pq}^T,\beta_{pq}^T,\alpha_{pq}^R,\beta_{pq}^R)=p(\alpha_{pq}^T)p(\beta_{pq}^T)p(\alpha_{pq}^R)p(\beta_{pq}^R)$$

各随机变量的分布 PDF 计算如下。

1. 散射体速度分布

由文献[43]可知，高斯分布、拉普拉斯分布、指数分布和均匀分布可以用来描述散射体的速度分布。因为散射体的速度 ν_{pq}^i 是大于等于0的，所以本章采用公式（2.35）描述的均匀分布和公式（2.36）描述的半高斯分布来描述多重散射体的速度：

$$p(\nu_{pq}^i)=\frac{1}{\nu_{\max}^i} \quad (0\leqslant\nu_{pq}^i\leqslant\nu_{\max}^i) \quad (2.35)$$

$$p(\nu_{pq}^i)=\frac{\sqrt{2}}{\sqrt{\pi}\,\sigma_{pq,i}}\exp\left[-\frac{\nu_{pq}^{i\,2}}{2\sigma_{pq,i}^2}\right] \quad (\nu_{pq}^i\geqslant 0) \quad (2.36)$$

其中，$\nu_{\max}^i$ 为散射体最大运动速度，$\sigma_{pq,i}$ 是半高斯分布的标准差。

2. 角度分布

方位角 α_{pq}^T、α_{pq}^R 和 α_{pq}^i 的取值范围是 $(-\pi,\pi]$，俯仰角 β_{pq}^T、β_{pq}^R 和 β_{pq}^i 的取值范围是 $(-\pi/2,\pi/2]$。散射体对信号电磁波的散射模式有两种：各向同性散射，即散射电磁波的出射方向在各个空间方向上等概率出现；非各向同性散射，即散射电磁波的出射方向在特定空间方向上以一定概率出现。各向同性散射场景中，本书采用式（2.37）描述的均匀分布描述方位角和俯仰角；非各向同性散射场景中，采用式（2.38）描述的 von Mises 分布和式（2.39）描述的余弦分布来分别描述方位角和俯仰角：

$$p(\gamma)=\frac{1}{\gamma_2-\gamma_1} \quad (\gamma_1\leqslant\gamma\leqslant\gamma_2) \quad (2.37)$$

$$p(\alpha) = \frac{\exp[k\cos(\alpha - \bar{\alpha})]}{2\pi I_0(k)} \quad (\alpha_1 \leqslant \alpha \leqslant \alpha_1 + 2\pi) \tag{2.38}$$

$$p(\beta) = \frac{\pi}{4|\beta_m|}\cos\left(\frac{\pi}{2} \cdot \frac{\beta}{\beta_m}\right) \quad (-\beta_m \leqslant \beta \leqslant \beta_m) \tag{2.39}$$

其中,γ_1,γ_2 是 γ 的最小值和最大值,α_1 是 α 的最小值,$\bar{\alpha}$ 为 α 的均值(这里 $\bar{\alpha}=0$),k 用来控制 α 偏离 $\bar{\alpha}$ 的幅度,β_m 为 β 的最大值。

由于散射体速度分布和角度分布可以有不同的组合,特定的组合就代表了特定的通信场景。因此,式(2.34)可以模拟很多场景下的空间相关函数表达式,具有一定的通用性。

2.3.3 m 跳散射路径空时相关函数特例

如果 $\beta_T = \beta_R = \beta_{pq}^T = \beta_{pq}^R = \beta_{pq}^i = 0$,则 3D 场景退化为 2D 场景,通用表达式(2.34)所描述的 m 跳散射路径空时相关函数的很多特例可以获得,而现有许多文献的相关函数表达式可以作为式(2.34)特例的一部分。同样,若令 $\tau=0$,则空间相关函数的相应特例即可获得;若令 $p=\bar{p}$ 且 $q=\bar{q}$,则时间相关函数的相应特例即可获得。

在 2D 场景中,式(2.33)和式(2.5)分别退化为

$$\Delta f_{n_m} = \frac{f_0}{c}\left[(q-\bar{q})d_T\cos(\alpha_q - \alpha_{pq}^T) + (p-\bar{p})d_R\cos(\alpha_p - \alpha_{pq}^R)\right] \tag{2.40}$$

$$\begin{aligned}f_{pq,n_m} = \frac{f_0}{c}\Big[&v_T\cos(\alpha_T - \alpha_{pq}^T) + v_R\cos(\alpha_R - \alpha_{pq}^R) + v_{pq}^1\cos(\alpha_{pq}^1 - \alpha_{pq}^T) \\ &+ 2\sum_{i=2}^{m-1}v_{pq}^i\cos(\alpha_{pq}^i - \alpha_{pq}^T) + v_{pq}^m\cos(\alpha_{pq}^m - \alpha_{pq}^T) + v_{pq}^1\cos(\alpha_{pq}^1 - \alpha_{pq}^R) \\ &+ 2\sum_{i=2}^{m-1}v_{pq}^i\cos(\alpha_{pq}^i - \alpha_{pq}^R) + v_{pq}^m\cos(\alpha_{pq}^m - \alpha_{pq}^R)\Big]\end{aligned} \tag{2.41}$$

若收发端的天线朝向和其运动方向一致,即 $\alpha_T = \alpha_q$ 且 $\alpha_R = \alpha_p$,并将式(2.40)和式(2.41)代入式(2.34),则 m 跳散射路径空时相关函数可以简化为

$$\begin{aligned}
R^m_{\overline{pq},pq}&(d_T, d_R, \tau)\\
=&2\sigma_m^2\int\cdots\iint\cdots\iiint\exp\Big\{jk_0\big[\big[vv_T\tau+(q-\bar{q})d_T\big]\cos(\alpha_T-\alpha_{pq}^T)\\
&+\big[v_R\tau+(p-\bar{p})d_R\big]\cos(\alpha_R-\alpha_{pq}^R)\\
&+2\nu_{pq}^1\tau\cos\Big(\frac{\alpha_{pq}^T-\alpha_{pq}^R}{2}\Big)\cos\Big(\alpha_{pq}^1-\frac{\alpha_{pq}^T+\alpha_{pq}^R}{2}\Big)\\
&+4\tau\cos\Big(\frac{\alpha_{pq}^T-\alpha_{pq}^R}{2}\Big)\sum_{i=2}^{m-1}\nu_{pq}^i\cos\Big(\alpha_{pq}^i-\frac{\alpha_{pq}^T+\alpha_{pq}^R}{2}\Big)\\
&+2\nu_{pq}^m\tau\cos\Big(\frac{\alpha_{pq}^T-\alpha_{pq}^R}{2}\Big)\cos\Big(\alpha_{pq}^m-\frac{\alpha_{pq}^T+\alpha_{pq}^R}{2}\Big)\big]\Big\}\\
&\times\prod_{i=1}^m p(\nu_{pq}^i)\prod_{i=1}^m p(\alpha_{pq}^i)p(\alpha_{pq}^T)p(\alpha_{pq}^R)\mathrm{d}\nu_{pq}^1\cdots\mathrm{d}\nu_{pq}^m\mathrm{d}\alpha_{pq}^1\cdots\mathrm{d}\alpha_{pq}^m\mathrm{d}\alpha_{pq}^T\mathrm{d}\alpha_{pq}^R
\end{aligned} \quad (2.42)$$

其中，$k_0=2\pi f_0/c$ 是波数。若 $p=\bar{p}$，$q=\bar{q}$ 且 $m=1$，那么式(2.42)与文献[43]中式(11)和文献[44]中式(6)相同(因角度表达方式不同，所以公式中正负号不尽相同)。

1. 各向同性散射场景下的特例

各向同性散射场景中，采用式(2.37)描述的均匀分布描述方位角随机变量，则公式(2.42)变为

$$\begin{aligned}
R^m_{\overline{pq},pq}&(d_T, d_R, \tau)\\
=&\frac{\sigma_m^2}{2\pi^2}\int\cdots\iiint\exp\Big\{jk_0\big[v_T\tau+(q-\bar{q})d_T\big]\cos(\alpha_T-\alpha_{pq}^T)\\
&+jk_0\big[v_R\tau+(p-\bar{p})d_R\big]\cos(\alpha_R-\alpha_{pq}^R)\Big\}\\
&\times J_0\Big[2k_0\nu_{pq}^1\tau\cos\Big(\frac{\alpha_{pq}^T-\alpha_{pq}^R}{2}\Big)\Big]J_0\Big[2k_0\nu_{pq}^m\tau\cos\Big(\frac{\alpha_{pq}^T-\alpha_{pq}^R}{2}\Big)\Big]\\
&\times\prod_{i=1}^{m-1}J_0\Big[4k_0\nu_{pq}^i\tau\cos\Big(\frac{\alpha_{pq}^T-\alpha_{pq}^R}{2}\Big)\Big]\prod_{i=1}^m p(\nu_{pq}^i)\mathrm{d}\nu_{pq}^1\cdots\mathrm{d}\nu_{pq}^m\mathrm{d}\alpha_{pq}^T\mathrm{d}\alpha_{pq}^R
\end{aligned} \quad (2.43)$$

其中，$J_0(\cdot)$ 为零阶第一类 Bessel 函数。因为 AoD 的 α_{pq}^T 和 AoA 的 α_{pq}^R 都服从均匀分布，且相互独立，所以 $\alpha_{pq}^T-\alpha_{pq}^R$ 的均值为 0，则

$$\cos\Big[\frac{(\alpha_{pq}^T-\alpha_{pq}^R)}{2}\Big]=1^{[43\text{-}44]}$$

式(2.43)可简化为

$$R_{\overline{pq},pq}^{m}(d_{\mathrm{T}},d_{\mathrm{R}},\tau)=\frac{\sigma_{m}^{2}}{2\pi^{2}}\int\cdots\iint\exp\{jk_{0}[v_{\mathrm{T}}\tau+(q-\bar{q})d_{\mathrm{T}}]\cos(\alpha_{\mathrm{T}}-\alpha_{pq}^{\mathrm{T}})$$
$$+jk_{0}[v_{\mathrm{R}}\tau+(p-\bar{p})d_{\mathrm{R}}]\cos(\alpha_{\mathrm{R}}-\alpha_{pq}^{\mathrm{R}})\}J_{0}(2k_{0}\nu_{pq}^{1}\tau)$$
$$\times J_{0}(2k_{0}\nu_{pq}^{m}\tau)\prod_{i=2}^{m-1}J_{0}(4k_{0}\nu_{pq}^{i}\tau)\prod_{i=1}^{m}p(\nu_{pq}^{i})d\nu_{pq}^{1}\cdots d\nu_{pq}^{m}d\alpha_{pq}^{\mathrm{T}}d\alpha_{pq}^{\mathrm{R}} \quad (2.44)$$

根据第一类零阶 Bessel 函数 $J_0(\cdot)$ 的定义

$$J_{0}(x)=\frac{1}{2\pi}\int_{-\pi}^{\pi}\exp(ix\sin\tau)d\tau=\frac{1}{2\pi}\int_{-\pi}^{\pi}\exp(ix\cos\tau)d\tau$$
$$=\frac{1}{2\pi}\int_{-\pi}^{\pi}\exp[ix\cos(A'-\tau)]d\tau \quad (2.45)$$

其中,A' 为常数,式(2.44)可简化为

$$R_{\overline{pq},pq}^{m}(d_{\mathrm{T}},d_{\mathrm{R}},\tau)=2\sigma_{m}^{2}J_{0}\{k_{0}[v_{\mathrm{T}}\tau+(q-\bar{q})d_{\mathrm{T}}]\}$$
$$\times J_{0}\{k_{0}[v_{\mathrm{R}}\tau+(p-\bar{p})d_{\mathrm{R}}]\}\int\cdots\int J_{0}(2k_{0}\nu_{pq}^{1}\tau)$$
$$\times J_{0}(2k_{0}\nu_{pq}^{m}\tau)\prod_{i=2}^{m-1}J_{0}(4k_{0}\nu_{pq}^{i}\tau)\prod_{i=1}^{m}p(\nu_{pq}^{i})d\nu_{pq}^{1}\cdots d\nu_{pq}^{m} \quad (2.46)$$

(1) 当 $m\to\infty$ 时

当散射跳数 m 趋近无穷大时,式(2.46)变为闭合表达式

$$\lim_{m\to\infty}R_{\overline{pq},pq}^{m}(d_{\mathrm{T}},d_{\mathrm{R}},\tau)=\begin{cases}2\sigma_{m}^{2}J_{0}[(q-\bar{q})k_{0}d_{\mathrm{T}}]J_{0}[(p-\bar{p})k_{0}d_{\mathrm{R}}] & (\tau=0)\\ 0 & (\tau>0)\end{cases} \quad (2.47)$$

由式(2.47)可知,对于具有高密度散射体的非视距 NLoS 通信场景,若散射跳数很大,那么其空间相关函数(即 $\tau=0$)为定值,空时相关函数为0,且与散射体和收发端的运动无关。因此,大规模天线阵列技术更适用于具有高密度散射体的通信场景中,此时天线阵元间距可以设置得更小,可在有限空间内放置更多的天线阵元,同时可以保持较低的空时相关性。

(2) 当 ν_{pq}^{i} 为常数时

当散射体速度 ν_{pq}^{i} 为常数时,式(2.46)变为闭合表达式

$$R_{\overline{pq},pq}^{m}(d_{\mathrm{T}},d_{\mathrm{R}},\tau)=2\sigma_{m}^{2}J_{0}\{k_{0}[v_{\mathrm{T}}\tau+(q-\bar{q})d_{\mathrm{T}}]\}J_{0}\{k_{0}[v_{\mathrm{R}}\tau+(p-\bar{p})d_{\mathrm{R}}]\}$$
$$\times J_{0}(2k_{0}\nu_{pq}^{1}\tau)J_{0}(2k_{0}\nu_{pq}^{m}\tau)\prod_{i=2}^{m-1}J_{0}(4k_{0}\nu_{pq}^{i}\tau) \quad (2.48)$$

若 $v_{\mathrm{T}}=v_{pq}^{i}=0(i=1,2,3,\cdots,m)$,$q=\bar{q}$ 和 $p=\bar{p}$,则场景变为 F2M 静态散射通信,式(2.48)简化为 $2\sigma_{m}^{2}J_{0}(k_{0}v_{\mathrm{R}}\tau)$,该式即为 Jakes 模型的时间相关函数[126]。

若 $v_{\mathrm{T}}=0$,$m=1$,$q=\bar{q}$ 和 $p=\bar{p}$,则式(2.48)简化为 $2\sigma_{m}^{2}J_{0}(k_{0}v_{pq}^{1}\tau)J_{0}(k_{0}v_{\mathrm{R}}\tau)$,该

式即为文献[36]中公式(11)描述的F2M单环动态散射模型的时间相关函数。

若 $v_{pq}^i=0(i=1,2,3,\cdots,m)$，$q=\bar{q}$ 和 $p=\bar{p}$，则式(2.48)简化为 $2\sigma_m^2 \mathrm{J}_0(k_0 v_\mathrm{T}\tau)\mathrm{J}_0(k_0 v_\mathrm{R}\tau)$，该式即为文献[127]中公式(46)描述的M2M双环静态散射模型的时间相关函数。

若 $v_{pq}^i=\tau=0(i=1,2,3,\cdots,m)$，$q=p=2$ 和 $\bar{q}=\bar{p}=1$，则式(2.48)简化为 $2\sigma_m^2 \mathrm{J}_0(k_0 d_\mathrm{T})\mathrm{J}_0(k_0 d_\mathrm{R})$，该式即为文献[127]中公式(46)描述的空间相关函数。

(3) 当 v_{pq}^i 服从均匀分布时

V2V通信中，常见的移动散射体有摆动的树叶、行人和过往车辆等，其运动速度一般为随机变量而非常量。当散射体速度 v_{pq}^i 服从均匀分布式(2.35)时，式(2.46)变为闭合表达式

$$\begin{aligned}R_{\overline{pq},pq}^m(d_\mathrm{T},d_\mathrm{R},\tau)=&\frac{\sigma_m^2}{2^{m-1}}\mathrm{J}_0\big\{k_0[v_\mathrm{T}\tau+(q-\bar{q})d_\mathrm{T}]\big\}\\&\times \mathrm{J}_0\big\{k_0[v_\mathrm{R}\tau+(p-\bar{p})d_\mathrm{R}]\big\}\big[2\mathrm{J}_0(2k_0 v_{\max}^1\tau)\\&+\pi \mathrm{J}_1(2k_0 v_{\max}^1\tau)\mathrm{H}_0(2k_0 v_{\max}^1\tau)-\pi \mathrm{J}_0(2k_0 v_{\max}^1\tau)\\&\times \mathrm{H}_1(2k_0 v_{\max}^1\tau)\big]\big[2\mathrm{J}_0(2k_0 v_{\max}^m\tau)+\pi \mathrm{J}_1(2k_0 v_{\max}^m\tau)\\&\times \mathrm{H}_0(2k_0 v_{\max}^m\tau)-\pi \mathrm{J}_0(2k_0 v_{\max}^m\tau)\mathrm{H}_1(2k_0 v_{\max}^m\tau)\big]\\&\times \prod_{i=2}^{m-1}\big[2\mathrm{J}_0(4k_0 v_{\max}^i\tau)+\pi \mathrm{J}_1(4k_0 v_{\max}^i\tau)\\&\times \mathrm{H}_0(4k_0 v_{\max}^i\tau)-\pi \mathrm{J}_0(4k_0 v_{\max}^i\tau)\mathrm{H}_1(4k_0 v_{\max}^i\tau)\big]\end{aligned}\quad(2.49)$$

其中，$\mathrm{J}_1(\cdot)$ 为第一类一阶Bessel函数，$\mathrm{H}_0(\cdot)$ 为零阶Struve函数，$\mathrm{H}_1(\cdot)$ 为一阶Struve函数。

(4) 当 v_{pq}^i 服从半高斯分布时

当散射体速度 v_{pq}^i 服从半高斯分布式(2.36)时，式(2.46)变为闭合表达式

$$\begin{aligned}R_{\overline{pq},pq}^m(d_\mathrm{T},d_\mathrm{R},\tau)=&2\sigma_m^2 \mathrm{J}_0\big\{k_0[v_\mathrm{T}\tau+(q-\bar{q})d_\mathrm{T}]\big\}\\&\times \mathrm{J}_0\big\{k_0[v_\mathrm{R}\tau+(p-\bar{p})d_\mathrm{R}]\big\}I_0(k_0^2\sigma_{pq,1}^2\tau^2)\\&\times I_0(k_0^2\sigma_{pq,m}^2\tau^2)\exp(-k_0^2\sigma_{pq,1}^2\tau^2)\exp(-k_0^2\sigma_{pq,m}^2\tau^2)\\&\times \prod_{i=2}^{m-1}I_0(4k_0^2\sigma_{pq,i}^2\tau^2)\exp(-4k_0^2\sigma_{pq,i}^2\tau^2)\end{aligned}\quad(2.50)$$

2. 非各向同性散射场景下的特例

非各向同性散射场景中，采用von Mises分布式(2.38)描述方位角。同时，若

第2章 车车通信三维多重动态散射信道模型与特性

$$\alpha_T = \alpha_q = \bar{\alpha}_{pq}^T, \ \alpha_R = \alpha_p = \bar{\alpha}_{pq}^R, \ E\left[\frac{(\alpha_{pq}^T + \alpha_{pq}^R)}{2}\right] = \bar{\alpha}_{pq}^i$$

其中,$\bar{\alpha}_{pq}^T$ 为 α_{pq}^T 的均值,$\bar{\alpha}_{pq}^R$ 为 α_{pq}^R 的均值,$\bar{\alpha}_{pq}^i$ 为散射体运动方向方位角 α_{pq}^i 的均值,则公式(2.42)变为

$$\begin{aligned}
&R_{pq,pq}^m(d_T, d_R, \tau) \\
&= \frac{2\sigma_m^2}{I_0(k_{\text{AoD}}) I_0(k_{\text{AoA}}) \prod_{i=1}^{m} I_0(k_i)} \\
&\times J_0\{k_0[v_T\tau + (q-\bar{q})d_T] - jk_{\text{AoD}}\} J_0\{k_0[v_R\tau + (p-\bar{p})d_R] - jk_{\text{AoA}}\} \\
&\times \int \cdots \int J_0\left\{2k_0 v_{pq}^1 \tau \cos\left(\frac{\alpha_{pq}^T - \alpha_{pq}^R}{2}\right) - jk_1\right\} J_0\left\{2k_0 v_{pq}^m \tau \cos\left(\frac{\alpha_{pq}^T - \alpha_{pq}^R}{2}\right) - jk_m\right\} \\
&\times \prod_{i=2}^{m-1} J_0\left\{4k_0 \tau v_{pq}^i \cos\left(\frac{\alpha_q^n - \alpha_p^n}{2}\right) - jk_i\right\} \prod_{i=1}^{m} p(v_{pq}^i) dv_{pq}^1 \cdots dv_{pq}^m
\end{aligned} \quad (2.51)$$

其中,$k_{\text{AoD}}, k_{\text{AoA}}$ 和 $k_i (i=1,2,\cdots,m)$ 分别为 $\alpha_{pq}^T, \alpha_{pq}^R$ 和 α_{pq}^i 的 von Mises 分布的 k 参数。

进一步,若 $\bar{\alpha}_{pq}^T = \bar{\alpha}_{pq}^R$,则 $E(\alpha_{pq}^T - \alpha_{pq}^R) = 0$,那么式(2.51)可以化简为

$$\begin{aligned}
&R_{pq,pq}^m(d_T, d_R, \tau) \\
&= \frac{2\sigma_m^2}{I_0(k_{\text{AoD}}) I_0(k_{\text{AoA}}) \prod_{i=1}^{m} I_0(k_i)} \\
&\times J_0\{k_0[v_T\tau + (q-\bar{q})d_T] - jk_{\text{AoD}}\} J_0\{k_0[v_R\tau + (p-\bar{p})d_R] - jk_{\text{AoA}}\} \\
&\times \int \cdots \int J_0\{2k_0 v_{pq}^1 \tau - jk_1\} J_0\{2k_0 v_{pq}^m \tau - jk_m\} \\
&\times \prod_{i=2}^{m-1} J_0\{4k_0 \tau v_{pq}^i - jk_i\} \prod_{i=1}^{m} p(v_{pq}^i) dv_{pq}^1 \cdots dv_{pq}^m
\end{aligned} \quad (2.52)$$

(1) 当 $m \to \infty$ 时

当散射跳数 m 趋于无穷大时,式(2.52)变为闭合表达式

$$\lim_{m \to \infty} R_{pq,pq}^m(d_T, d_R, \tau) = \begin{cases} \dfrac{2\sigma_0^2 J_0\{k_0[(q-\bar{q})d_T] - jk_{\text{AoD}}\} J_0\{k_0[(p-\bar{p})d_R] - jk_{\text{AoA}}\}}{I_0(k_{\text{AoD}}) I_0(k_{\text{AoA}})} & (\tau = 0) \\ 0 & (\tau > 0) \end{cases} \quad (2.53)$$

与各向同性散射场景类似,对于具有高密度散射体的非视距 NLoS 通信场景,若散射跳数很大,那么其空间相关函数(即 $\tau=0$)为定值,空时相关函数为0,且与散射体和收发端的运动无关。

(2) 当 v_{pq}^i 为常数时

当散射体速度 v_{pq}^i 为常数时,式(2.52)变为闭合表达式:

$$R_{\overline{pq},pq}^m(d_T,d_R,\tau)$$
$$=\frac{2\sigma_m^2}{I_0(k_{AoD})I_0(k_{AoA})\prod_{i=1}^m I_0(k_i)}J_0\{k_0[v_T\tau+(q-\bar{q})d_T]-jk_{AoD}\}$$
$$\times J_0\{k_0[v_R\tau+(p-\bar{p})d_R]-jk_{AoA}\}J_0(2k_0v_{pq}^1\tau-jk_1)$$
$$\times J_0(2k_0v_{pq}^m\tau-jk_m)\prod_{i=2}^{K-1}J_0(4k_0\tau v_{pq}^i-jk_i) \tag{2.54}$$

当散射体速度 v_{pq}^i 服从均匀分布和半高斯分布时,式(2.52)无法转化为闭合表达式。

2.3.4 多普勒功率谱密度

多普勒功率谱密度可由空时相关函数的傅里叶变换获得,由于直视路径空时相关函数 $R_{pq,pq}^{LoS}(d_T,d_R,\tau)$ 和 m 跳散射路径空时相关函数 $R_{\overline{pq},pq}^m(d_T,d_R,\tau)$ 相互独立,所以空时相关函数(2.23)的傅里叶变换可表示为

$$S_{\overline{pq},pq}(d_T,d_R,\omega)=F_\tau\{R_{\overline{pq},pq}(d_T,d_R,\tau)\}$$
$$=\sum_{m=1}^M p_m S_{\overline{pq},pq}^m(d_T,d_R,\omega)+S_{pq,pq}^{LoS}(d_T,d_R,\omega) \tag{2.55}$$

其中,F_τ 为傅里叶变换运算符,$S_{\overline{pq},pq}^m(d_T,d_R,\omega)$ 为 m 跳散射路径部分的多普勒功率谱密度,$S_{pq,pq}^{LoS}(d_T,d_R,\omega)$ 为直视路径部分的多普勒功率谱密度。

直视路径部分的多普勒功率谱密度计算如下:

$$S_{pq,pq}^{LoS}(d_T,d_R,\omega)=2\pi\rho_{pq}^2\exp(j2\pi\Delta f_\rho)\delta(\omega-2\pi f_{pq,\rho}) \tag{2.56}$$

其中,$\delta(\cdot)$ 为狄拉克 δ 函数,ω 为多普勒频率。由于 m 跳散射路径空时相关函数(2.34)是一个多重积分表达式,其傅里叶变换不存在闭合表达式,所以此处不再对 $S_{\overline{pq},pq}^m(d_T,d_R,\omega)$ 求解,而在2.5节对其进行数值仿真分析。

2.4 车车通信收发端运动模型

现有V2V研究文献多假设收发端以固定速度沿固定方向运动,少量文献假设

收发端运动速度和方向在2D空间线性变化,而实际车辆的运动速度和方向在3D空间可能发生非线性变化,尤其是在道路拥堵、十字路口转弯和立交桥上下坡等场景下。V2V通信收发端的运动速度和方向的变化与行驶道路场景密切相关,本书定义三种道路场景(图2.2)。

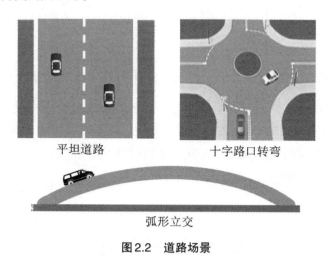

图2.2 道路场景

1. 平坦道路

在该场景中,由于其他车辆行驶速度的变化、道路拥堵状态变化和超车等因素,V2V通信收发端的运动速度和方向都可能发生非线性变化,但其运动方向的俯仰角等于0,即收发端在2D空间中非线性运动。

2. 十字路口转弯

在该场景中,V2V通信收发端运动的速度和方向同样也会发生非线性变化,运动方向的俯仰角也等于0,但运动方向的方位角变化和十字路口的转弯半径及运动速度大小密切相关。

3. 弧形立交

在该场景中,V2V通信收发端运动的速度和方向在3D空间中会发生非线性变化,运动方向的俯仰角不再等于0,且俯仰角的变化和弧形立交的半径及运动速度密切相关。

以上三种道路场景中,V2V通信收发端运动速度和方向可以分别建模为

$$v_{\text{T/R}}(t_{i+1}) = a_{\text{T/R}}(t_{i+1} - t_i) + v_{\text{T/R}}(t_i) \tag{2.57}$$

$$\alpha_{\text{T/R}}(t_{i+1}) = \begin{cases} b_{\text{T/R}}(t_{i+1} - t_i) + \alpha_{\text{T/R}}(t_i), & \text{场景①③} \\ -\dfrac{v_{\text{T/R}}(t_i)}{r_1}(t_{i+1} - t_i) + \alpha_{\text{T/R}}(t_i), & \text{场景②} \end{cases} \quad (2.58)$$

$$\beta_{\text{T/R}}(t_{i+1}) = \begin{cases} -\dfrac{v_{\text{T/R}}(t_i)}{r_2}(t_{i+1} - t_i) + \beta_{\text{T/R}}(t_i), & \text{场景③} \\ 0, & \text{场景①②} \end{cases} \quad (2.59)$$

其中, t_i, t_{i+1} 为时刻符号; $v_{\text{T/R}}(t_i)$, $\alpha_{\text{T/R}}(t_i)$, $\beta_{\text{T/R}}(t_i)$ 分别为发端或收端运动速度、运动方向方位角和俯仰角在 t_i 时刻的数值; $a_{\text{T/R}}$, $b_{\text{T/R}}$ 分别为发端或收端运动速度和运动方向方位角的变化速率; r_1 为十字路口转弯半径; r_2 为弧形立交的半径。由于 V2V 通信中收发端的运动速度和方向为非线性变化,因此 $a_{\text{T/R}}$, $b_{\text{T/R}}$ 不是常数,应该在相应区间内随机取值。

2.5 仿真分析与验证

本节分别在 V2V 通信收发端匀速直线运动和非线性运动场景下对信道统计特性进行仿真和分析,并将多普勒功率谱密度(Doppler Power Spectral Density, D-PSD)与现有模型 D-PSD 及测量数据进行对比,以验证本书所提模型的有效性和优势。2016 年 11 月,工信部批复 IMT-2020(5G)推进组与车载信息服务产业应用联盟,将 5.905~5.925 GHz(20 MHz 带宽)用于 LTE-V2X 直接通信技术测试。若无特别说明,针对市区 V2V 通信场景,本节采用 5.915 GHz 作为载波频率;散射重数为 m 的电磁波能量与 NLoS 电磁波总能量的比值 p_m,当最大跳数 $M=2$ 时, $p_1 = p_2 = 1/2$;当 $M=3$ 时, $p_1 = p_2 = p_3 = 1/3$;当 $M=4$ 时, $p_1 = p_2 = 1/3$, $p_3 = p_4 = 1/6$;当 $M=5$ 时, $p_1 = 1/3$, $p_2 = 1/4$, $p_3 = p_4 = 1/6$, $p_5 = 1/12$;收发端匀速直线运动场景下,收发端速度 $v_T = v_R$ 设置为 15 m/s,运动方向方位角和俯仰角分别设置为 $\alpha_T = \alpha_R = \pi/2$ rad, $\beta_T = \beta_R = 0$ rad;收发端非线性运动场景下,收发端运动速度和方向按公式(2.57)~公式(2.59)获得;其他仿真参数设置如表 2.2 所示。

表2.2 仿真参数

参　数	图2.3、图2.4、图2.7、图2.11~图2.13	图2.5、图2.6、图2.8	图2.9、图2.10	图2.14	图2.15
K	2	2	2	2.4	2.41
k	2	2	3	—	3
q, p	2,2	1,1	2,2	1,1	1,1
$\bar{q}, \bar{p}$	1,1	1,1	1,1	1,1	1,1
$d_T, d_R(\lambda)$	1/2, 1/2	0,0	变量	0,0	0,0
$\alpha_q, \beta_q(\mathrm{rad})$	$\pi/2, \pi/6$	$\pi/2, \pi/6$	$\pi/2, \pi/6$	$\pi/2, \pi/6$	0,0
$\alpha_p, \beta_p(\mathrm{rad})$	$\pi/2, \pi/6$	$\pi/2, \pi/6$	$\pi/2, \pi/6$	$\pi/2, \pi/6$	0,0

2.5.1 收发端匀速直线运动：空时相关-时间相关-空间相关函数

本小节假设V2V通信收发端的运动速度、运动方向方位角和俯仰角都为常数，主要分析不同散射模式、散射跳数和散射体运动速度分布等对空时相关函数（Space-Time Correlation Function，ST-CF）、时间相关函数（Time Correlation Function，T-CF）和空间相关函数（Space Correlation Function，S-CF）的影响。

1. 不同散射模式和散射次数对空时相关函数和时间相关函数的影响

图2.3~图2.6描述了3D各向同性和非各向同性散射场景下最大散射跳数M对空时相关函数（ST-CF）和时间相关函数（T-CF）的影响。仿真中，散射体速度服从均匀分布，均值为15 m/s，其他参数详见表2.2的第2列与第3列。

如图2.3和图2.5所示，M越大，3D各向同性散射场景下ST-CF和T-CF衰落得越快，但当$M \geqslant 3$时，随着M的增加，ST-CF和T-CF的衰落曲线逐渐趋于一致，如$M=4$和$M=5$的ST-CF、T-CF的平均相对偏差已减少至0.03%和0.5%。

图2.4和图2.6也揭示了类似的ST-CF和T-CF衰落规律，但图2.4中ST-CF的衰落曲线有较大波动，且M越大，曲线波动也越大，这是更多次非各向同性散射的累积效应造成的。

由式(2.47)和式(2.53)可知，当$m \to \infty$，亦即$M \to \infty$时，2D场景下m跳散射路径的ST-CF($\tau > 0$)为0，而LoS部分的ST-CF不为0，这揭示了ST-CF和T-CF的一个衰落规律：2D场景下，当$M \to \infty$时，ST-CF和T-CF的衰落曲线趋近于LoS部分的ST-CF，这与图2.3~图2.6所描述的3D场景规律类似。

以上ST-CF和T-CF的衰落规律与文献[128]的结论有所不同，针对校园和高速公路场景，文献[128]认为三跳及以上散射多径的统计特性与两跳多径的统计特性类似，可以将三跳及以上散射近似为两跳。

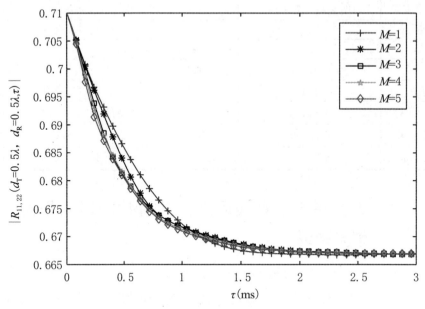

图2.3　各向同性散射场景下的空时相关函数

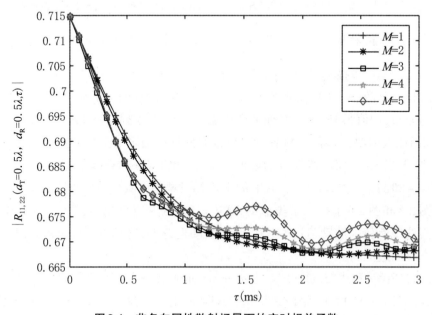

图2.4　非各向同性散射场景下的空时相关函数

第2章 车车通信三维多重动态散射信道模型与特性

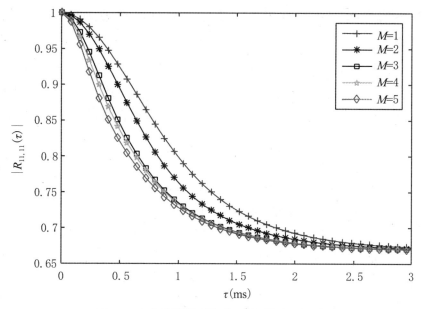

图2.5 各向同性散射场景下的时间相关函数

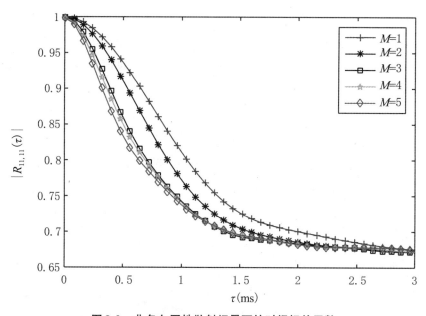

图2.6 非各向同性散射场景下的时间相关函数

由图2.3~图2.6可知，三跳及以上散射不能简单近似为两跳情形，这是因为本书考虑的市区V2V通信场景较文献[128]具有更多的散射体。如图2.5和图2.6所示，两图中的T-CF衰落曲线非常类似，这说明在3D多重动态散射场景中，散射模式（各向同性和非各向同性）对T-CF没有显著影响。

2. 不同散射模式和散射体速度分布对空时相关函数和时间相关函数的影响

图2.7和图2.8描述了在最大跳数 $M=5$ 时，3D各向同性和非各向同性散射场景下散射体运动速度分布对ST-CF和T-CF的影响。仿真中，散射体运动速度可服从均匀分布和半高斯分布，其均值都为15 m/s，其他参数详见表2.2的第2列与第3列。

如图2.7所示，在4条曲线中，各向同性散射场景下散射体速度服从均匀分布时的ST-CF衰落最快；其他3条ST-CF曲线都有较大波动，其中非各向同性散射场景下散射体速度服从半高斯分布时的ST-CF波动最大，说明非各向同性散射和散射体速度半高斯分布都可以引起ST-CF衰落的波动，其中散射体速度半高斯分布影响更大，而两者累加效应最强。

如图2.8所示，在4条曲线中，散射体速度服从均匀分布时的T-CF衰落最快，而非各向同性散射场景下散射体速度服从半高斯分布时的T-CF衰落最慢，且曲线有较大波动，这说明与散射模式不同，散射体速度半高斯分布对T-CF的衰落特性有显著影响。

一般而言，实际通信多是非各向同性散射场景，散射体速度可由半高斯分布或均匀分布描述，因此图2.7和图2.8的结果有助于分析通信系统性能和建模特定V2V传输信道。

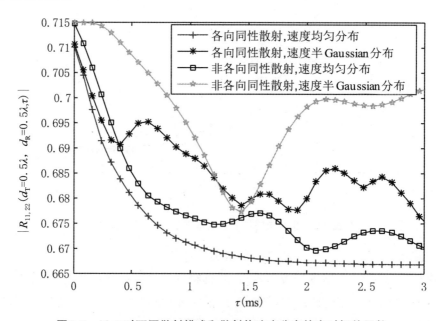

图2.7　$M=5$时不同散射模式和散射体速度分布的空时相关函数

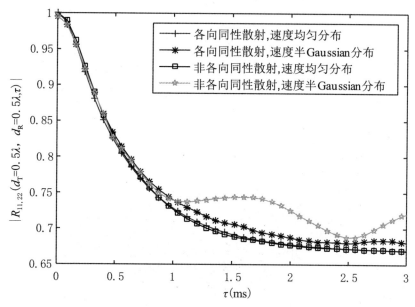

图2.8 $M=5$ 时不同散射模式和散射体速度分布的时间相关函数

3. 不同散射模式和阵元间隔对空时相关函数和空间相关函数的影响

图2.9和图2.10描述了在最大跳数 $M=5$ 时,3D各向同性和非各向同性散射场景下阵元间隔对ST-CF和S-CF的影响。仿真中,图2.9和图2.10的参数设置与图2.3~图2.6相同,其他参数详见表2.2的第4列。图2.9和图2.10表明,相邻阵元之间的间隔大小对ST-CF和S-CF的衰落特性有显著影响,如各向同性和非各向同性散射场景下的ST-CF分别在间隔 $d_R = d_T$ 为 1.1λ 和 0.7λ 时衰落到最小。

如图2.9所示,各向同性和非各向同性散射场景下的ST-CF大小近似;而如图2.10所示,在大部分阵元间隔设置下,非各向同性散射场景下的S-CF明显小于各向同性散射场景下的S-CF。因此,就空间相关而言,大规模阵列天线技术更适合用于非各向同性散射场景,此时有限的天线面积可以放置更多的天线阵元,以达到大容量传输的目的。

由图2.9和图2.10可知,在V2V通信的阵列天线设计中,阵元间隔设置应大于1个波长,尤其是在低浓度散射体场景下更是如此。

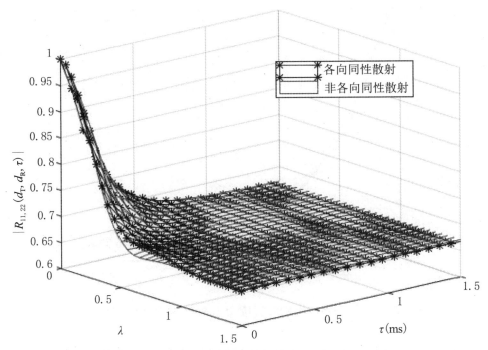

图2.9 $M=5$时不同散射模式和阵元间隔的空时相关函数

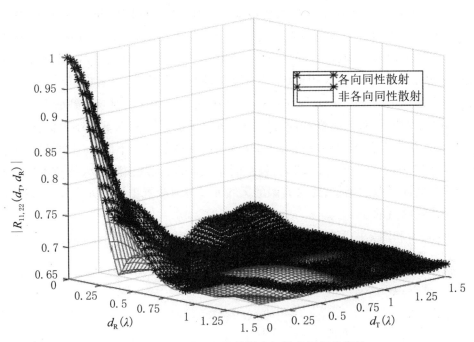

图2.10 $M=5$时不同散射模式下的空间相关函数

2.5.2 收发端非线性运动:空时相关函数

本小节假设V2V通信收发端的运动速度、运动方向方位角和俯仰角都为变量,并采用均匀分布描述模型中随机变量方位角、俯仰角和散射体速度分布(均值为15 m/s),主要分析不同道路场景对ST-CF的影响。收发端运动的0时刻初始速度和方向设置为 $v_T(0)=13$ m/s, $v_R(0)=15$ m/s, $\alpha_T(0)=\alpha_R(0)=\frac{\pi}{2}$ rad;平坦道路和十字路口设置为 $\beta_T(0)=\beta_R(0)=0$ rad;弧形立交设置为 $\beta_T(0)=\beta_R(0)=\frac{\pi}{4}$ rad。为模拟收发端运动速度和方位角方向小范围非线性变化,变化速率 $a_{T/R}$, $b_{T/R}$ 分别在区间 $[-2,2]$ 和 $[-\pi/7,\pi/7]$ 中随机获取。若无特别说明,其他参数设置详见表2.2中的第2列。

1. 平坦道路场景

图2.11描述了平坦道路场景下收发端非线性变化的速度和方向在不同时刻对ST-CF的影响。图中点、星标记的曲线代表收发端运动速度非线性变化,而运动方向(即方位角)不变;十字、圆圈标记的曲线代表收发端运动速度和方向(即方位角)都进行非线性变化。如图2.11所示,收发端非线性变化的速度和方位角方向都对ST-CF的衰落特性有影响,其中方位角方向的变化影响更为显著。

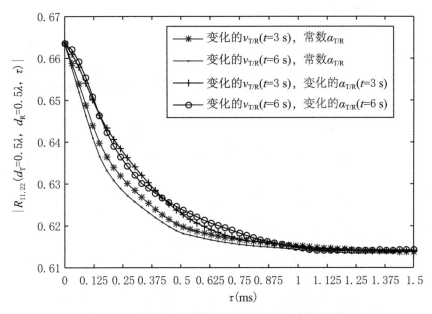

图2.11 平坦道路场景下不同时刻的空时相关函数

2. 十字路口转弯场景

图2.12描述了十字路口场景下收发端非线性变化的速度和方向在不同时刻对ST-CF的影响。图中点、星标记的曲线代表发射端处于十字路口转弯状态,而接收端处于平坦道路运动状态;十字、圆圈标记的曲线代表收发端都处于十字路口转弯状态。由公式(2.58)可知,收发端转弯时,运动方位角方向的变化取决于转弯半径和收发端运动速度,本小节十字路口的转弯半径设置为8 m。如图2.12所示,收发端转弯时的运动方位角方向变化对ST-CF产生了显著影响。在$t=3$ s时,与图2.11不同,图2.12中点、星标记的曲线有微小的向上波动,而十字、圆圈标记的曲线有明显的向上波动,使得该ST-CF衰落变慢,表明发射端和接收端转弯时产生的方位角方向的变化都会使ST-CF衰落产生向上波动,且两者叠加时影响更加显著。

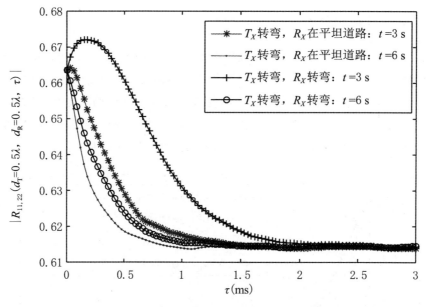

图2.12　十字路口场景下不同时刻的空时相关函数

3. 弧形立交场景

图2.13描述了弧形立交场景下收发端非线性变化的速度和方向在不同时刻对ST-CF的影响。图中点、星标记的曲线代表发射端处于弧形立交运动状态,而接收端处于平坦道路运动状态;十字、圆圈标记的曲线代表收发端都处于弧形立交运动状态。由公式(2.59)可知,收发端处于弧形立交运动时,运动俯仰角方向的变化

取决于弧形立交半径和收发端运动速度,本小节弧形立交的半径设置为15 m。如图2.13所示,收发端于弧形立交运动时俯仰角方向的变化对ST-CF也会产生显著影响。与图2.12类似,在$t=3$ s时,如图2.13所示,点、星标记和十字、圆圈标记的曲线也有微小的向上波动,表明发射端和接收端在弧形立交上运动产生的俯仰角方向的变化也会使ST-CF衰落产生向上的波动,但不如十字路口转弯产生的方位角变化的影响显著。

由图2.11、图2.12和图2.13可知,不同道路场景下,V2V通信的ST-CF的衰落特性不同,因此收发端的天线或波束赋形的3D指向有必要具有实时调整的能力,以减少收发端非线性运动带来的不利影响。

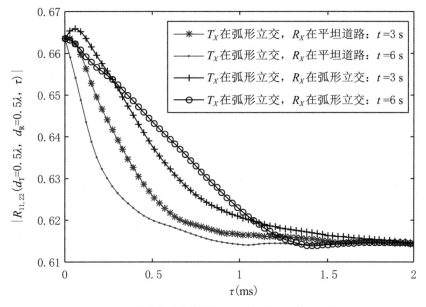

图2.13 弧形立交场景下不同时刻的空时相关函数

2.5.3 多普勒功率谱密度实测对比验证

本书所提的3D MIMO V2V多重动态散射模型和相应的信道统计特性具有参数化特征,使得该模型可以适用于多种通信场景,如基于MIMO或SISO的F2F通信、F2M通信和M2M通信等。多普勒功率谱密度(D-PSD)是一个重要且独特的信道统计特性。为验证本书所提模型的有效性和优势,本小节将本书D-PSD、文献[129]测试的F2F通信D-PSD、文献[55]所提的理论V2V通信D-PSD和文献

[128]测试的V2V通信D-PSD进行对比。

1. 假设收发端为匀速直线运动

本小节假设V2V通信收发端的运动速度、运动方向方位角和俯仰角都为常数。在各向同性散射场景下,图2.14对比了由式(2.55)表示的本书D-PSD与文献[129]图4中的测试D-PSD。文献[129]的户外测试表明毫米波衰落易受树叶和过往车辆散射体的运动影响,基于29.5 GHz的F2F通信,该文图4给出了由树叶运动导致的D-PSD和由过往车辆运动导致的D-PSD。本节采用29.5 GHz作为载波频率,收发端运动速度设置为0,采用均值为0.4 m/s的半高斯分布描述树叶的运动速度,采用均值为6 m/s的均匀分布描述过往车辆的运动速度,散射重数为m的电磁波能量与NLoS电磁波总能量的比值p_m设置为

$$p_1 = 9/16, \quad p_2 = 5/16, \quad p_3 = 1/16, \quad p_4 = p_5 = 1/32$$

其他仿真参数详见表2.2的第5列。如图2.14所示,运动的树叶和车辆导致的衰落带宽在多普勒频移分别为500 Hz和1 kHz处达到40 dB。本书D-PSD无论是在缓慢运动散射体树叶场景,还是在快速运动散射体车辆场景,都可较好地匹配文献[129]的测试数据。

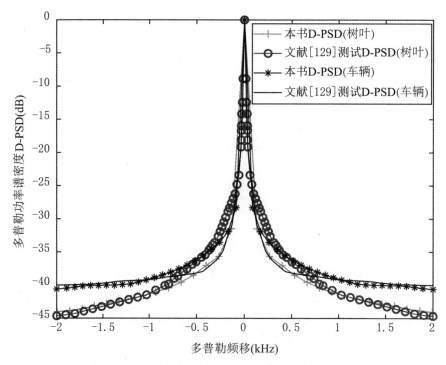

图2.14　本书D-PSD与文献[129]的测试数据对比

在非各向同性散射场景下，图2.15对比了由式(2.55)表示的本书D-PSD、文献[55]图8中的理论D-PSD和文献[128]图11中的测试D-PSD。文献[55]中图8的理论D-PSD基于$d_R=d_T=0$的双圆柱信道模型，并假设存在动静态散射体。文献[128]中图11的测试D-PSD是基于2.435 GHz，在市区平坦道路环境下测量获得的，并在测量时将收发端的阵元间隔设置为0。本节采用2.435 GHz作为载波频率，收发端运动速度设置为12 m/s(与文献中设置相同)，收发端运动方向设置为$\alpha_T=\alpha_R=\pi/2$ rad 和 $\beta_T=\beta_R=0$ rad，采用均值为2.394 m/s、0.798 m/s和0.4 m/s的半高斯分布分别描述第1跳、第2跳和其余跳的散射体运动速度，散射重数为m的电磁波能量与NLoS电磁波总能量的比值p_m设置为：$p_1=8/15$，$p_2=1/3$，$p_3=1/15$，$p_4=1/30$，$p_5=1/30$，其他仿真参数详见表2.2的第6列。如图2.15所示，相对于文献[55]的理论D-PSD，本书D-PSD可以更好地匹配文献[128]的测试数据，这进一步说明了在信道建模中引入多重动态散射的必要性。

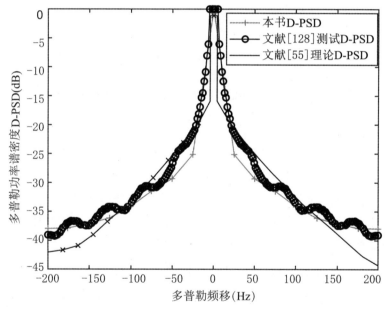

图2.15　本书D-PSD、文献[55]的D-PSD与文献[128]的测试数据对比

图2.16描述了图2.14和图2.15中本书D-PSD和文献[55]的理论D-PSD与相应测试数据之间的相对偏差的累积分布函数(CDF)。图2.14中，本书树叶D-PSD与测试数据的平均相对偏差为2.56%，本书车辆D-PSD与测试数据的平均相对偏差为2.16%；本书D-PSD和文献[55]的理论D-PSD与测试数据的平均相对偏差分别为3.9%和8.32%。如图2.16所示，在图2.14和图2.15中，80%以上的本书D-PSD相对偏差小于5%，而文献[55]理论D-PSD与测试数据的匹配度明显低于这

一水平。图 2.14~图 2.16 表明,本书所提信道模型具有更强的有效性和优势,并验证了在信道建模中引入多重动态散射的必要性。

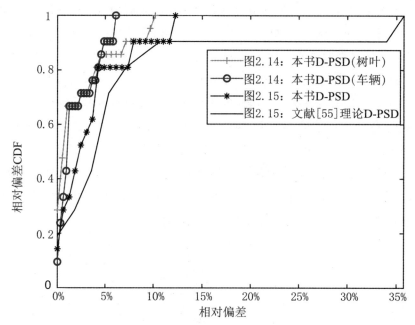

图 2.16　图 2.14 和 2.15 中的 D-PSD 与测试数据的相对偏差累积分布

2. 假设收发端为非线性运动

图 2.17 对比了由式(2.55)表示的本书 D-PSD($t=6$ s)、图 2.15 中本书 D-PSD、文献[55]中图 8 的理论 D-PSD 和文献[128]中图 11 的测试 D-PSD。与图 2.15 不同之处在于这里假设 V2V 通信收发端进行非线性运动。在平坦道路场景下,收发端运动的 0 时刻初始速度和方位角方向设置为 $v_T(0)=v_R(0)=12$ m/s 和 $\alpha_T(0)=\alpha_R(0)=\pi/2$ rad,速度和方位角方向的变化速率 $a_{T/R}, b_{T/R}$ 分别在区间[-2,2]和[$-\pi/7, \pi/7$]中随机获取,其他参数设置与图 2.15 相同。图 2.18 描述了图 2.17 中本书 D-PSD、图 2.15 中本书 D-PSD 和文献[55]的理论 D-PSD 与相应测试数据之间的相对偏差 CDF。本书 D-PSD、图 2.15 中本书 D-PSD 和文献[55]的理论 D-PSD 与测试数据的平均相对偏差分别为 2.1%、3.9% 和 8.32%。如图 2.18 所示,90% 以上的本书 D-PSD 相对偏差小于 5%,而图 2.15 中本书 D-PSD 和文献[55]理论 D-PSD 与测试数据的匹配度明显低于这一水平。图 2.17 和图 2.18 进一步表明,本书所提信道模型具有更强的有效性和优势,并验证了在信道建模中引入收发端非线性运动模型的必要性。

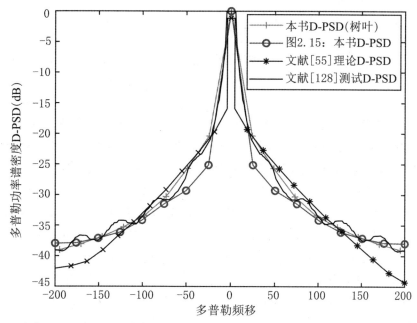

图 2.17　本书 D-PSD、图 2.15 的本书 D-PSD、文献[55]的 D-PSD 与文献[128]D-PSD 的测试数据对比

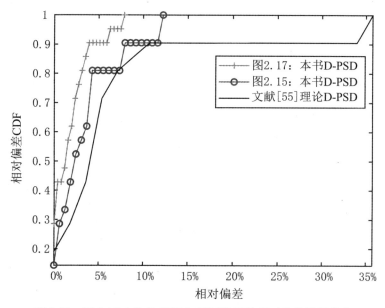

图 2.18　图 2.15 中的 D-PSD 与测试数据的相对偏差累积分布

本章小结

　　本章首先提出了一个 3D MIMO V2V 多重动态散射信道模型,然后推导了空时相关函数、时间相关函数、空间相关函数和多普勒功率谱密度等信道统计特性,多个现有信道模型的相关函数可以作为所推导空时相关函数的特例,表明本信道模型具有较广的适用性。同时,基于该散射信道模型,建立了收发端运动速度和方向的非线性变化模型。接着,仿真分析了不同散射模式、散射体速度分布、散射次数和道路场景(如直行平坦道路、十字路口和弧形立交等)对信道统计特性的影响,仿真结果表明上述因素对信道统计特性有显著影响。最后,将本书多普勒功率谱密度与现有模型及测量数据进行了对比,结果表明所提信道模型具有更强的有效性和优势,并验证了在信道建模中引入多重动态散射和收发端非线性运动模型的必要性。

第3章 车车通信三维角度域信道模型与特性

阵列天线和波束赋形技术可大幅提升V2V通信性能,实现大容量传输,而无线信道的3D空间选择特性和天线/波束指向是影响其性能的关键因素。由于散射体在空域中非均匀分布,V2V通信多径来波功率在不同3D角度方向上衰落特性不同,需调整天线/波束指向以规避深衰落。因此,需在3D角度空间域对V2V信道进行建模和特性分析。目前,角度域信道建模及特性的研究成果还较少,且大多研究对象为2D瑞利信道,而V2V通信信道一般为3D莱斯信道,针对该场景的角度域信道模型和特性尚待展开深入研究。因此,本书针对3D莱斯信道,建立其多径角度功率谱密度(Angular Power Density,APD)模型,基于3D成型因子理论,推导非规范复球谐系数、多径成型因子(Shape Factor,SF)、衰落率方差、电平通过率(Level Crossing Rate,LCR)、平均衰落周期(Average Fade Duration,AFD)、空间相关函数、相干距离和最小阵元间隔距离等信道空间统计特性的闭合表达式,并分析不同3D角度方向对信道空间统计特性的影响。

3.1 国内外研究现状

传统的多径衰落信道研究使用的是全向的方位角模型,即认为到达多径波在各个方位角方向上的功率都是相等的,而实验测量表明到达本地区域的多径情况与全向传播的假设相差较大,多径波的能量分布很难做到均匀分布[66],因此需要研究角度域V2V信道模型及其特性,以更好地表征信道的空间选择特性。2000年,多径成型因子理论[67]被提出后,国内外从2D[67-77]到3D[78-84]的角度域信道建模和信道特性研究陆续展开。文献[67]首次提出了2D多径成型因子理论,用来描述无线小尺度衰落特性,即用3个成型因子(角扩展、角收缩和最大衰落方位角方向)对本地区域的任何非全向的多径波束分布进行定量分析(假设本地平均信号强度是广义平稳),具有物理意义明确,表述简单的特点。文献[68-70]以二阶统计特性(如电平通过率、平均衰落周期、自协方差和相干距离等)分析了多个空间信道测量结果,并用2D多径成型因子理论对比分析了该空间信道的统计特性。文献[71]介绍了小尺度衰落无线信道2D多径成型因子理论的概念及其简洁的信道描述,同时给出了经典无线信道建模的缺陷,即假设信道的多径波在各方向上均匀分布,由此提出利用成型因子的定义基础——多径波的角度分布来建模,在此基础上利用多径成型因子来衡量所建模型的特性,并给出示例,分析发现该模型具有简洁且涵盖经典模型的优点。文献[72]和[73]运用莱斯分布与Nakagami-m分布的转换关系,分析了2D Nakagami-m和莱斯信道的多径成型因子和二阶统计特性,如电平通过率和平均衰落距离等。文献[74]和[75]针对毫米波段室内通信场景,在不同地点对角度域来波功率进行了测量,并推导了到达角的成型因子,用以描述毫米波信道的空间特性。文献[76]针对厘米波段市区和郊区通信场景,通过比较不同的方向性多径衰落特性,分析评估了成型因子——角扩展。文献[77]为研究天线方向对接收功率在角度域分布的影响,提出了一个几何信道模型,并通过分析信道的成型因子进一步说明了所提信道模型的可用性。

文献[67-77]都是基于2D角度空间的,而实际V2V通信都是在3D空间中进行的,因此2D信道模型及其特性无法包含信道的全部空间信息。文献[78]基于2D多径成型因子理论首次提出了3D多径成型因子理论,运用角扩展、俯仰角收缩、45°俯仰角收缩、方位角收缩、45°和0°俯仰角下最大衰落方位角方向6个因子来表征信道的角度空间选择特性。文献[79]分析了3D信道的方向性,并运用3D角扩展分析了信号的空间相关特性。文献[80]和[81]分析了空地3D信道,给出了相应的多径成型因子(角扩展、真实标准差、角收缩和最大衰落方向),并在水平面和竖直面两个方向上分别分析了不同信道参数(如空中基站高度、地面基站高度和最大传播时延等)对多径成型因子的影响,文献[82]运用类似方法研究了F2M通信场景。文献[83]在球坐标系下对2D成型因子——角扩展作了新的定义,量化分析了多径功率和信道二阶统计特性的3D空间方向选择特性,类似方法在文献[84]中被扩展到了笛卡尔坐标系。

综上所述,目前角度域信道建模和信道特性的研究成果还较少,且大多研究对象为2D瑞利信道。然而,V2V通信信道一般为3D莱斯信道,针对该场景的角度域信道模型和特性尚待展开深入研究。

3.2　三维多径角度功率谱密度模型

多径角度功率谱密度(APD)是指接收端接收到的多径功率在空间角度上的

分布。对于包含 LoS 和 NLoS 部分的莱斯信道,其 3D 多径 APD 也可由 LoS 和 NLoS 两部分构成。如图 3.1 所示,在 3D 莱斯信道中,假设 LoS 路径来自方向 (α_0,β_0),NLoS 路径来自方向 (α,β),本书分两种场景对多径 APD 进行建模:

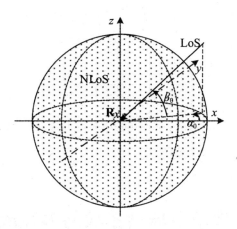

图 3.1　3D 莱斯信道的多径功率到达角

1. NLoS 路径在 3D 球面等概率到达

NLoS 部分多径波在 3D 球面等概率到达时,其到达方位角 α 和俯仰角 β 的联合概率密度可以表示为[130]

$$f_{\text{NLoS}}(\alpha,\beta)=\frac{\cos\beta}{4\pi} \tag{3.1}$$

那么,3D 莱斯信道 APD 为

$$\begin{aligned}P(\alpha,\beta)&=\frac{P_{\text{T}}}{K+1}f_{\text{NLoS}}(\alpha,\beta)+\frac{P_{\text{T}}K}{K+1}f_{\text{LoS}}(\alpha,\beta)\\&=\frac{P_{\text{T}}}{K+1}\cdot\frac{\cos\beta}{4\pi}+\frac{P_{\text{T}}K\delta(\alpha-\alpha_0,\beta-\beta_0)}{K+1}\\&=\frac{P_{\text{T}}}{4\pi(K+1)}\left[\cos\beta+4\pi K\delta(\alpha-\alpha_0,\beta-\beta_0)\right]\end{aligned} \tag{3.2}$$

其中,P_{T} 为平均接收功率,K 为莱斯因子;$P_{\text{NLoS}}=P_{\text{T}}/(K+1)$ 为 NLoS 部分功率;$P_{\text{LoS}}=P_{\text{T}}K/(K+1)$ 为 LoS 部分功率;$\delta(\cdot,\cdot)$ 为 2D 狄拉克 δ(Dirac delta)函数,用于表示 LoS 部分的概率密度 $f_{\text{LoS}}(\alpha,\beta)$;方位角 α_0,α 和俯仰角 β_0,β 的取值范围分别为 $[0,2\pi]$ 和 $[-\pi/2,\pi/2]$。

2. NLoS 路径在方位角和俯仰角方向的到达概率都服从均匀分布

3D 莱斯信道 APD 可以表示为

$$\begin{aligned}P(\alpha,\beta) &= \frac{P_T}{K+1} f_{\text{NLoS}}(\alpha) f_{\text{NLoS}}(\beta) + \frac{P_T K}{K+1} f_{\text{LoS}}(\alpha,\beta) \\ &= \frac{P_T}{2\pi^2(K+1)} + \frac{P_T K \delta(\alpha-\alpha_0, \beta-\beta_0)}{K+1} \\ &= \frac{P_T}{2\pi^2(K+1)}\left[1 + 2\pi^2 K \delta(\alpha-\alpha_0, \beta-\beta_0)\right]\end{aligned} \quad (3.3)$$

其中,$f_{\text{NLoS}}(\alpha)=1/(2\pi)$ 为 NLoS 部分到达方位角的概率密度;$f_{\text{NLoS}}(\beta)=1/\pi$ 为 NLoS 部分到达俯仰角的概率密度。

3.3 非规范复球谐系数与多径成型因子

本节根据所提 3D 莱斯信道 APD 模型,先推导非规范复球谐系数的闭合表达式,进而求解多径成型因子的闭合表达式。

3.3.1 非规范复球谐系数

根据文献[131]对 $P(\alpha,\beta)$ 的 l 次 m 阶非规范复球谐系数 S_l^m 的定义,有

$$S_l^m = \int_0^{2\pi} \int_{-\frac{\pi}{2}}^{\frac{\pi}{2}} p(\alpha,\beta) Y_{lm}^*(\alpha,\beta) \cos\beta \, d\beta \, d\alpha \quad (3.4)$$

其中,$Y_{lm}(\theta,\phi)$ 为 l 次 m 阶球谐函数。

1. NLoS 路径在 3D 球面等概率到达场景

基于公式(3.2),非规范复球谐系数 $S_0^0, S_1^0, S_1^1, S_2^0, S_2^1, S_2^2$ 可分别计算为

$$S_0^0 = \int_0^{2\pi}\int_{-\frac{\pi}{2}}^{\frac{\pi}{2}} p(\alpha,\beta)\cos\beta \mathrm{d}\beta \mathrm{d}\alpha$$

$$= \int_0^{2\pi}\int_{-\frac{\pi}{2}}^{\frac{\pi}{2}} \left[\frac{P_\mathrm{T}}{K+1}\cdot\frac{\cos\beta}{4\pi} + \frac{P_\mathrm{T}K\delta(\alpha-\alpha_0,\beta-\beta_0)}{K+1}\right]\cos\beta \mathrm{d}\beta \mathrm{d}\alpha$$

$$= \frac{P_\mathrm{T}}{2(K+1)}\int_{-\frac{\pi}{2}}^{\frac{\pi}{2}} \cos^2\beta \mathrm{d}\beta + \frac{P_\mathrm{T}K}{K+1}\cos\beta_0$$

$$= \frac{P_\mathrm{T}}{4(K+1)}\left[\frac{1}{2}\sin 2\beta + \beta\right]_{-\frac{\pi}{2}}^{\frac{\pi}{2}} + \frac{P_\mathrm{T}K}{K+1}\cos\beta_0$$

$$= \frac{P_\mathrm{T}}{4(K+1)}(\pi + 4K\cos\beta_0) \tag{3.5}$$

$$S_1^0 = \int_0^{2\pi}\int_{-\frac{\pi}{2}}^{\frac{\pi}{2}} p(\alpha,\beta)\sin\beta\cos\beta \mathrm{d}\beta \mathrm{d}\alpha = \int_0^{2\pi}\int_{-\frac{\pi}{2}}^{\frac{\pi}{2}} \left[\frac{P_\mathrm{T}}{K+1}\cdot\frac{\cos\beta}{4\pi}\right]\sin\beta\cos\beta \mathrm{d}\beta \mathrm{d}\alpha$$

$$+ \int_0^{2\pi}\int_{-\frac{\pi}{2}}^{\frac{\pi}{2}} \left[\frac{P_\mathrm{T}K\delta(\alpha-\alpha_0,\beta-\beta_0)}{K+1}\right]\sin\beta\cos\beta \mathrm{d}\beta \mathrm{d}\alpha$$

$$= \frac{P_\mathrm{T}}{2(K+1)}\int_{-\frac{\pi}{2}}^{\frac{\pi}{2}} (1-\sin^2\beta)\sin\beta \mathrm{d}\beta + \frac{P_\mathrm{T}K}{K+1}\sin\beta_0\cos\beta_0$$

$$= \frac{P_\mathrm{T}}{2(K+1)}\int_{-\frac{\pi}{2}}^{\frac{\pi}{2}} (\sin\beta - \sin^3\beta)\mathrm{d}\beta + \frac{P_\mathrm{T}K}{K+1}\sin\beta_0\cos\beta_0$$

$$= \frac{P_\mathrm{T}}{2(K+1)}\int_{-\frac{\pi}{2}}^{\frac{\pi}{2}} \left(\sin\beta - \frac{3\sin\beta - \sin 3\beta}{4}\right)\mathrm{d}\beta + \frac{P_\mathrm{T}K}{K+1}\sin\beta_0\cos\beta_0$$

$$= \frac{P_\mathrm{T}}{8(K+1)}\int_{-\frac{\pi}{2}}^{\frac{\pi}{2}} (\sin\beta + \sin 3\beta)\mathrm{d}\beta + \frac{P_\mathrm{T}K}{K+1}\sin\beta_0\cos\beta_0$$

$$= 0 + \frac{P_\mathrm{T}K}{K+1}\sin\beta_0\cos\beta_0$$

$$= \frac{P_\mathrm{T}K}{K+1}\sin\beta_0\cos\beta_0 \tag{3.6}$$

$$S_1^1 = \int_0^{2\pi}\int_{-\frac{\pi}{2}}^{\frac{\pi}{2}} p(\alpha,\beta)\cos^2\beta\exp(j\alpha)\mathrm{d}\beta\mathrm{d}\alpha$$

$$= \frac{P_T}{4\pi(K+1)}\int_0^{2\pi}\int_{-\frac{\pi}{2}}^{\frac{\pi}{2}} \cos^3\beta\exp(j\alpha)\mathrm{d}\beta\mathrm{d}\alpha$$

$$+ \int_0^{2\pi}\int_{-\frac{\pi}{2}}^{\frac{\pi}{2}} \left[\frac{P_T K\delta(\alpha-\alpha_0,\beta-\beta_0)}{K+1}\right]\cos^2\beta\exp(j\alpha)\mathrm{d}\beta\mathrm{d}\alpha$$

$$= \frac{P_T}{4\pi(K+1)}\int_0^{2\pi}\exp(j\alpha)\mathrm{d}\alpha\int_{-\frac{\pi}{2}}^{\frac{\pi}{2}}\cos^3\beta\mathrm{d}\beta + \frac{P_T K}{K+1}\cos^2\beta_0\exp(j\alpha_0)$$

$$= \frac{P_T}{4\pi(K+1)}\times 0 \times \int_{-\frac{\pi}{2}}^{\frac{\pi}{2}}\cos^3\beta\mathrm{d}\beta + \frac{P_T K}{K+1}\cos^2\beta_0\exp(j\alpha_0)$$

$$= \frac{P_T K}{K+1}\cos^2\beta_0\exp(j\alpha_0) \tag{3.7}$$

$$S_2^0 = \int_0^{2\pi}\int_{-\frac{\pi}{2}}^{\frac{\pi}{2}} p(\alpha,\beta)\left(\sin^2\beta-\frac{1}{3}\right)\cos\beta\mathrm{d}\beta\mathrm{d}\alpha$$

$$= \int_0^{2\pi}\int_{-\frac{\pi}{2}}^{\frac{\pi}{2}}\left[\frac{P_T}{K+1}\cdot\frac{\cos\beta}{4\pi}+\frac{P_T K\delta(\alpha-\alpha_0,\beta-\beta_0)}{K+1}\right]\left(\sin^2\beta-\frac{1}{3}\right)\cos\beta\mathrm{d}\beta\mathrm{d}\alpha$$

$$= \frac{P_T}{4\pi(K+1)}\int_0^{2\pi}\int_{-\frac{\pi}{2}}^{\frac{\pi}{2}}\left(\sin^2\beta-\frac{1}{3}\right)\cos^2\beta\mathrm{d}\beta\mathrm{d}\alpha + \frac{P_T K}{K+1}\left(\sin^2\beta_0-\frac{1}{3}\right)\cos\beta_0$$

$$= \frac{P_T}{2(K+1)}\int_{-\frac{\pi}{2}}^{\frac{\pi}{2}}\left(\frac{2}{3}\cos^2\beta-\cos^4\beta\right)\mathrm{d}\beta + \frac{P_T K}{K+1}\left(\sin^2\beta_0-\frac{1}{3}\right)\cos\beta_0$$

$$= \frac{P_T}{2(K+1)}\int_{-\frac{\pi}{2}}^{\frac{\pi}{2}}\left(\frac{1}{48}-\frac{\cos 2\beta}{6}-\frac{\cos 4\beta}{16}\right)\mathrm{d}\beta + \frac{P_T K}{K+1}\left(\sin^2\beta_0-\frac{1}{3}\right)\cos\beta_0$$

$$= \frac{P_T\pi}{96(K+1)} + \frac{P_T K}{K+1}\left(\sin^2\beta_0-\frac{1}{3}\right)\cos\beta_0$$

$$= \frac{P_T}{96(K+1)}\left[\pi + K(96\sin^2\beta_0-32)\cos\beta_0\right] \tag{3.8}$$

$$S_2^1 = \int_0^{2\pi}\int_{-\frac{\pi}{2}}^{\frac{\pi}{2}} p(\alpha,\beta)\cos^2\beta\sin\beta\exp(j\alpha)\,d\beta d\alpha$$

$$= \int_0^{2\pi}\int_{-\frac{\pi}{2}}^{\frac{\pi}{2}} \left[\frac{P_T}{K+1}\cdot\frac{\cos\beta}{4\pi} + \frac{P_T K\delta(\alpha-\alpha_0,\beta-\beta_0)}{K+1}\right]\cos^2\beta\sin\beta\exp(j\alpha)\,d\beta d\alpha$$

$$= \frac{P_T}{4\pi(K+1)}\int_0^{2\pi}\int_{-\frac{\pi}{2}}^{\frac{\pi}{2}}\cos^3\beta\sin\beta\exp(j\alpha)\,d\beta d\alpha + \frac{P_T K}{K+1}\cos^2\beta_0\sin\beta_0\exp(j\alpha_0)$$

$$= 0 + \frac{P_T K}{K+1}\cos^2\beta_0\sin\beta_0\exp(j\alpha_0)$$

$$= \frac{P_T K}{K+1}\cos^2\beta_0\sin\beta_0\exp(j\alpha_0) \tag{3.9}$$

$$S_2^2 = \int_0^{2\pi}\int_{-\frac{\pi}{2}}^{\frac{\pi}{2}} p(\alpha,\beta)\cos^3\beta\exp(j2\alpha)\,d\beta d\alpha$$

$$= \int_0^{2\pi}\int_{-\frac{\pi}{2}}^{\frac{\pi}{2}}\left[\frac{P_T}{K+1}\frac{\cos\beta}{4\pi} + \frac{P_T K\delta(\alpha-\alpha_0,\beta-\beta_0)}{K+1}\right]\cos^3\beta\exp(j2\alpha)\,d\beta d\alpha$$

$$= \frac{P_T}{4\pi(K+1)}\int_0^{2\pi}\int_{-\frac{\pi}{2}}^{\frac{\pi}{2}}\cos^4\beta\exp(j2\alpha)\,d\beta d\alpha + \frac{P_T K}{K+1}\cos^3\beta_0\exp(j2\alpha_0)$$

$$= 0 + \frac{P_T K}{K+1}\cos^3\beta_0\exp(j2\alpha_0)$$

$$= \frac{P_T K}{K+1}\cos^3\beta_0\exp(j2\alpha_0) \tag{3.10}$$

2. NLoS路径在方位角和俯仰角方向的到达概率都服从均匀分布场景

基于公式(3.3)，非规范复球谐系数 $S_0^0, S_1^0, S_1^1, S_2^0, S_2^1, S_2^2$ 可分别计算为

$$S_0^0 = \int_0^{2\pi}\int_{-\frac{\pi}{2}}^{\frac{\pi}{2}} p(\alpha,\beta)\cos\beta\,d\beta d\alpha$$

$$= \frac{P_T}{\pi(K+1)}\int_{-\frac{\pi}{2}}^{\frac{\pi}{2}}\cos\beta\,d\beta + \frac{P_T K}{K+1}\cos\beta_0$$

$$= \frac{P_T}{\pi(K+1)}(2+\pi K\cos\beta_0) \tag{3.11}$$

$$\begin{aligned}
S_1^0 &= \int_0^{2\pi}\int_{-\frac{\pi}{2}}^{\frac{\pi}{2}} p(\alpha,\beta)\sin\beta\cos\beta \mathrm{d}\beta\mathrm{d}\alpha \\
&= \int_0^{2\pi}\int_{-\frac{\pi}{2}}^{\frac{\pi}{2}} \left[\frac{P_\mathrm{T}}{2\pi^2(K+1)} + \frac{P_\mathrm{T} K\delta(\alpha-\alpha_0,\beta-\beta_0)}{K+1}\right]\sin\beta\cos\beta \mathrm{d}\beta\mathrm{d}\alpha \\
&= \frac{P_\mathrm{T}}{\pi(K+1)}\int_{-\frac{\pi}{2}}^{\frac{\pi}{2}}\sin\beta\cos\beta \mathrm{d}\beta + \frac{P_\mathrm{T} K}{K+1}\sin\beta_0\cos\beta_0 \\
&= \frac{P_\mathrm{T} K}{K+1}\sin\beta_0\cos\beta_0
\end{aligned} \tag{3.12}$$

$$\begin{aligned}
S_1^1 &= \int_0^{2\pi}\int_{-\frac{\pi}{2}}^{\frac{\pi}{2}} p(\alpha,\beta)\cos^2\beta\exp(\mathrm{j}\alpha)\mathrm{d}\beta\mathrm{d}\alpha \\
&= \int_0^{2\pi}\int_{-\frac{\pi}{2}}^{\frac{\pi}{2}} \left[\frac{P_\mathrm{T}}{2\pi^2(K+1)} + \frac{P_\mathrm{T} K\delta(\alpha-\alpha_0,\beta-\beta_0)}{K+1}\right]\cos^2\beta\exp(\mathrm{j}\alpha)\mathrm{d}\beta\mathrm{d}\alpha \\
&= \frac{P_\mathrm{T}}{2\pi^2(K+1)}\int_0^{2\pi}\int_{-\frac{\pi}{2}}^{\frac{\pi}{2}}\cos^2\beta\exp(\mathrm{j}\alpha)\mathrm{d}\beta\mathrm{d}\alpha + \frac{P_\mathrm{T} K}{K+1}\cos^2\beta_0\exp(\mathrm{j}\alpha_0) \\
&= \frac{P_\mathrm{T} K}{K+1}\cos^2\beta_0\exp(\mathrm{j}\alpha_0)
\end{aligned} \tag{3.13}$$

$$\begin{aligned}
S_2^0 &= \int_0^{2\pi}\int_{-\frac{\pi}{2}}^{\frac{\pi}{2}} p(\alpha,\beta)\left(\sin^2\beta-\frac{1}{3}\right)\cos\beta \mathrm{d}\beta\mathrm{d}\alpha \\
&= \int_0^{2\pi}\int_{-\frac{\pi}{2}}^{\frac{\pi}{2}} \left[\frac{P_\mathrm{T}}{2\pi^2(K+1)} + \frac{P_\mathrm{T} K\delta(\alpha-\alpha_0,\beta-\beta_0)}{K+1}\right]\left(\sin^2\beta-\frac{1}{3}\right)\cos\beta \mathrm{d}\beta\mathrm{d}\alpha \\
&= \frac{P_\mathrm{T}}{\pi(K+1)}\int_{-\frac{\pi}{2}}^{\frac{\pi}{2}}\left(\sin^2\beta-\frac{1}{3}\right)\cos\beta \mathrm{d}\beta + \frac{P_\mathrm{T} K}{K+1}\left(\sin^2\beta_0-\frac{1}{3}\right)\cos\beta_0 \\
&= \frac{P_\mathrm{T}}{\pi(K+1)}\int_{-\frac{\pi}{2}}^{\frac{\pi}{2}}\left(-\frac{3\cos 3\beta+\cos\beta}{12}\right)\mathrm{d}\beta + \frac{P_\mathrm{T} K}{K+1}\left(\sin^2\beta_0-\frac{1}{3}\right)\cos\beta_0 \\
&= \frac{P_\mathrm{T} K}{K+1}\left(\sin^2\beta_0-\frac{1}{3}\right)\cos\beta_0
\end{aligned} \tag{3.14}$$

$$\begin{aligned}
S_2^1 &= \int_0^{2\pi}\int_{-\frac{\pi}{2}}^{\frac{\pi}{2}} p(\alpha,\beta)\cos^2\beta\sin\beta\exp(j\alpha)\mathrm{d}\beta\mathrm{d}\alpha \\
&= \int_0^{2\pi}\int_{-\frac{\pi}{2}}^{\frac{\pi}{2}}\left[\frac{P_\mathrm{T}}{2\pi^2(K+1)}+\frac{P_\mathrm{T}K\delta(\alpha-\alpha_0,\beta-\beta_0)}{K+1}\right]\cos^2\beta\sin\beta\exp(j\alpha)\mathrm{d}\beta\mathrm{d}\alpha \\
&= \frac{P_\mathrm{T}}{2\pi^2(K+1)}\int_0^{2\pi}\int_{-\frac{\pi}{2}}^{\frac{\pi}{2}}\cos^2\beta\sin\beta\exp(j\alpha)\mathrm{d}\beta\mathrm{d}\alpha \\
&\quad +\frac{P_\mathrm{T}K}{K+1}\cos^2\beta_0\sin\beta_0\exp(j\alpha_0) \\
&= 0+\frac{P_\mathrm{T}K}{K+1}\cos^2\beta_0\sin\beta_0\exp(j\alpha_0)=\frac{P_\mathrm{T}K}{K+1}\cos^2\beta_0\sin\beta_0\exp(j\alpha_0)
\end{aligned} \quad (3.15)$$

$$\begin{aligned}
S_2^2 &= \int_0^{2\pi}\int_{-\frac{\pi}{2}}^{\frac{\pi}{2}} p(\alpha,\beta)\cos^3\beta\exp(j2\alpha)\mathrm{d}\beta\mathrm{d}\alpha \\
&= \int_0^{2\pi}\int_{-\frac{\pi}{2}}^{\frac{\pi}{2}}\left[\frac{P_\mathrm{T}}{2\pi^2(K+1)}+\frac{P_\mathrm{T}K\delta(\alpha-\alpha_0,\beta-\beta_0)}{K+1}\right]\cos^3\beta\exp(j2\alpha)\mathrm{d}\beta\mathrm{d}\alpha \\
&= \frac{P_\mathrm{T}}{2\pi^2(K+1)}\int_0^{2\pi}\int_{-\frac{\pi}{2}}^{\frac{\pi}{2}}\cos^3\beta\exp(j2\alpha)\mathrm{d}\beta\mathrm{d}\alpha+\frac{P_\mathrm{T}K}{K+1}\cos^3\beta_0\exp(j2\alpha_0) \\
&= 0+\frac{P_\mathrm{T}K}{K+1}\cos^3\beta_0\exp(j2\alpha_0)=\frac{P_\mathrm{T}K}{K+1}\cos^3\beta_0\exp(j2\alpha_0)
\end{aligned} \quad (3.16)$$

由公式(3.5)~公式(3.16)可知,两种场景下 S_1^0,S_1^1,S_2^1,S_2^2 的计算结果是完全一致的。

3.3.2 多径成型因子

多径成型因子可对本地区域的任何非全向的多径波束分布进行定量分析(假设本地平均信号强度是广义平稳的)。电平通过率、平均衰落周期、自协方差和相干距离等二阶小尺度衰落特性都可以通过多径成型因子理论来描述。2D多径成型因子理论用三个成型因子(角扩展、角收缩和最大衰落方位角方向)来描述小尺度衰落的角度空间选择特性[118],具有物理意义明确、表述简单的优点,而基于2D多径成型因子理论的3D多径成型因子理论,运用角扩展、俯仰角收缩、45°俯仰角收缩、方位角收缩、45°和0°俯仰角下最大衰落方位角方向6个因子表征信道的角度空间选择特性。3D多径成型因子可由多径APD $p(\theta,\phi)$ 的 l 次 m 阶非规范复球谐系数 S_l^m 推导得出[78]。

1. NLoS路径在3D球面等概率到达场景

基于公式(3.5)~公式(3.10)，3D多径成型因子的闭合表达式可计算如下：

(1) 角扩展

$$\Lambda = \sqrt{1 - \frac{(S_1^0)^2 + |S_1^1|^2}{(S_0^0)^2}}$$

$$= \sqrt{1 - \frac{\left(\frac{P_T K}{K+1}\sin\beta_0\cos\beta_0\right)^2 + \left|\frac{P_T K}{K+1}\cos^2\beta_0\exp(j\alpha_0)\right|^2}{\left[\frac{P_T}{4(K+1)}(\pi + 4K\cos\beta_0)\right]^2}}$$

$$= \frac{\sqrt{\pi(\pi + 8K\cos\beta_0)}}{\pi + 4K\cos\beta_0} \tag{3.17}$$

其中，Λ为角扩展，取值范围为$[0,1]$，用来衡量多径功率集中在一个到达角方向的程度，0代表只有一个方向的一个多径组成部分，而1代表接收功率的角度没有明显的差异(如Clark模型)。当$K=0$时，莱斯信道转化为瑞利信道，此时$\Lambda=1$。

(2) 俯仰角收缩

$$\xi = \frac{\frac{3}{2}S_2^0 S_0^0 - (S_1^0)^2 + \frac{1}{2}|S_1^1|^2}{(S_0^0)^2 - (S_1^0)^2 - |S_1^1|^2}$$

$$= \frac{\left[\pi + K(96\sin^2\beta_0 - 32)\cos\beta_0\right](\pi + 4K\cos\beta_0)}{16(\pi + 4K\cos\beta_0)^2 - 256(K\sin\beta_0\cos\beta_0)^2 - 256|K\cos^2\beta_0|^2}$$

$$- \frac{256(K\sin\beta_0\cos\beta_0)^2 - 128|K\cos^2\beta_0|^2}{16(\pi + 4K\cos\beta_0)^2 - 256(K\sin\beta_0\cos\beta_0)^2 - 256|K\cos^2\beta_0|^2}$$

$$= \frac{\pi^2 + 68\pi K\cos\beta_0 - 96\pi K\cos^3\beta_0}{16\pi^2 + 128\pi K\cos\beta_0}$$

$$= \frac{\pi + 68K\cos\beta_0 - 96K\cos^3\beta_0}{16\pi + 128K\cos\beta_0} \tag{3.18}$$

其中，ξ为俯仰角收缩，取值范围为$[-0.5,1]$，表征多径APD在一个俯仰角方向或在同一方位角而相反俯仰角方向的集中程度，-0.5代表多径APD集中在一个俯仰角方向，1代表两径APD来自于相反的俯仰角方向。当$K=0$时，$\xi=1/16$。

(3) 45°俯仰角收缩

$$\begin{aligned}
\chi &= \frac{2|S_2^1 S_0^0 - S_1^0 S_1^1|}{(S_0^0)^2 - (S_1^0)^2 - |S_1^1|^2} \\
&= \frac{|8K\cos^2\beta_0 \sin\beta_0(\pi + 4K\cos\beta_0) - 32K^2\sin\beta_0 \cos^3\beta_0|}{(\pi + 4K\cos\beta_0)^2 - 16(K\sin\beta_0 \cos\beta_0)^2 - 16|K\cos^2\beta_0|^2} \\
&= \frac{|8\pi K\sin\beta_0 \cos^2\beta_0|}{\pi^2 + 8\pi K\cos\beta_0} \\
&= \frac{8K\cos^2\beta_0 |\sin\beta_0|}{\pi + 8K\cos\beta_0}
\end{aligned} \quad (3.19)$$

其中,χ为45°俯仰角收缩,取值范围为$[0,1]$,0代表一个水平或垂直镜面对称APD,1代表两径APD来自相对于45°倾斜轴镜面对称的垂直面。当$K=0$时,$\chi=0$。

(4) 方位角收缩

$$\begin{aligned}
\gamma &= \frac{|S_2^2 S_0^0 - (S_1^1)^2|}{(S_0^0)^2 - (S_1^0)^2 - |S_1^1|^2} \\
&= \frac{|4K\cos^3\beta_0(\pi + 4K\cos\beta_0) - 16(K\cos^2\beta_0)^2|}{(\pi + 4K\cos\beta_0)^2 - 16(K\sin\beta_0 \cos\beta_0)^2 - 16|K\cos^2\beta_0|^2} \\
&= \frac{|4\pi K\cos^3\beta_0|}{\pi^2 + 8\pi K\cos\beta_0} \\
&= \frac{4K\cos^3\beta_0}{\pi + 8K\cos\beta_0}
\end{aligned} \quad (3.20)$$

其中,γ为方位角收缩,取值范围为$[0,1]$,表征两径APD集中在一个方位角方向的程度,1代表两径APD来自于同一方位角方向。当$K=0$时,$\gamma=0$。

(5) 45°俯仰角下最大衰落方位角方向

$$\begin{aligned}
\alpha_{\beta_{45}}^{\max} &= \arg\{S_2^1 S_0^0 - S_1^0 S_1^1\} \\
&= \arg\left\{\frac{P_T K}{K+1}\cos^2\beta_0 \sin\beta_0 \exp(j\alpha_0)\frac{P_T}{4(K+1)}(\pi + 4K\cos\beta_0)\right. \\
&\left.\quad -\frac{P_T K}{K+1}\sin\beta_0 \cos\beta_0 \frac{P_T K}{K+1}\cos^2\beta_0 \exp(j\alpha_0)\right\} \\
&= \arg\left\{\frac{P_T^2 K}{4(K+1)^2}\left[\cos^2\beta_0 \sin\beta_0 (\pi + 4K\cos\beta_0) - 4K\sin\beta_0 \cos^3\beta_0 \exp(j\alpha_0)\right]\right\} \\
&= \arg\left\{\frac{\pi P_T^2 K}{4(K+1)^2}\cos^2\beta_0 \sin\beta_0 \exp(j\alpha_0)\right\} = \alpha_0
\end{aligned}$$

$\alpha_{\beta_{45}}^{\max}$ 为45°俯仰角下最大衰落方位角方向，取值范围为$[0, \pi]$。

(6) 0°俯仰角下最大衰落方位角方向

$$\begin{aligned}
\alpha_{\beta_0}^{\max} &= \frac{1}{2}\arg\{S_2^2 S_0^0 - (S_1^1)^2\} \\
&= \frac{1}{2}\arg\left\{\frac{P_T^2 K}{4(K+1)^2}\cos^3\beta_0 (\pi + 4K\cos\beta_0)\exp(j2\alpha_0)\right. \\
&\left.\quad -\frac{P_T^2 K^2}{(K+1)^2}\cos^4\beta_0 \exp(j2\alpha_0)\right\} \\
&= \frac{1}{2}\arg\left\{\frac{\pi P_T^2 K}{4(K+1)^2}\cos^3\beta_0 \exp(j2\alpha_0)\right\} \\
&= \alpha_0 + n\pi
\end{aligned} \quad (3.21)$$

$$(3.22)$$

其中，n为整数。$\alpha_{\beta_0}^{\max}$为0°俯仰角下最大衰落方位角方向，取值范围为$[0, 2\pi]$。

2. NLoS路径在方位角和俯仰角方向的到达概率都服从均匀分布场景

利用类似上述方法，基于公式(3.11)~公式(3.16)，3D多径成型因子的闭合表达式可计算如下：

(1) 角扩展

$$\Lambda = \sqrt{1 - \frac{(S_1^0)^2 + |S_1^1|^2}{(S_0^0)^2}} = \frac{2\sqrt{1 + \pi K\cos\beta_0}}{2 + \pi K\cos\beta_0} \quad (3.23)$$

其中,当 $K=0$ 时,$\Lambda=1$。

(2) 俯仰角收缩

$$\xi = \frac{\frac{3}{2}S_2^0 S_0^0 - (S_1^0)^2 + \frac{1}{2}|S_1^1|^2}{(S_0^0)^2 - (S_1^0)^2 - |S_1^1|^2}$$

$$= \frac{\pi K \cos\beta_0 (3\sin^2\beta_0 - 1)}{4(1 + \pi K \cos\beta_0)}$$

$$= \frac{\pi K \cos\beta_0 (2 - 3\cos^2\beta_0)}{4(1 + \pi K \cos\beta_0)} \tag{3.24}$$

其中,当 $K=0$ 时,$\xi=0$。

(3) 45°俯仰角收缩

$$\chi = \frac{2|S_2^1 S_0^0 - S_1^0 S_1^1|}{(S_0^0)^2 - (S_1^0)^2 - |S_1^1|^2}$$

$$= \frac{\pi K \cos^2\beta_0 |\sin\beta_0|}{1 + \pi K \cos\beta_0} \tag{3.25}$$

其中,当 $K=0$ 时,$\chi=0$。

(4) 方位角收缩

$$\gamma = \frac{|S_2^2 S_0^0 - (S_1^1)^2|}{(S_0^0)^2 - (S_1^0)^2 - |S_1^1|^2}$$

$$= \frac{|\pi K \cos^3\beta_0|}{2(1 + \pi K \cos\beta_0)}$$

$$= \frac{\pi K \cos^3\beta_0}{2(1 + \pi K \cos\beta_0)} \tag{3.26}$$

其中,当 $K=0$ 时,$\gamma=0$。

(5) 45°俯仰角下最大衰落方位角方向

$$\alpha_{\beta_{45}}^{\max} = \arg\{S_2^1 S_0^0 - S_1^0 S_1^1\}$$

$$= \arg\left\{\frac{2P_T^2 K}{\pi(K+1)^2}\cos^2\beta_0 \sin\beta_0 \exp(j\alpha_0)\right\} = \alpha_0 \tag{3.27}$$

(6) 0°俯仰角下最大衰落方位角方向

$$\begin{aligned}
\alpha_{\beta_0}^{\max} &= \frac{1}{2}\arg\left\{S_2^2 S_0^0 - \left(S_1^1\right)^2\right\} \\
&= \frac{1}{2}\arg\left\{\frac{2P_T^2 K}{\pi(K+1)^2}\cos^3\beta_0\exp(\mathrm{j}2\alpha_0)\right\} \\
&= \alpha_0 + n\pi
\end{aligned} \qquad (3.28)$$

由公式(3.17)~公式(3.28)可知,两种场景下,前4个成型因子不同,后2个相同。

3.4 信道空间统计特性

本节根据3D多径成型因子,推导衰落率方差、电平通过率、平均衰落周期、空间相关函数、相干距离和最小阵元间隔距离等信道空间统计特性的闭合表达式。

3.4.1 衰落率方差

复数接收电压是许多多径电磁波各自入射到接收机输入处产生的复数电压总和的基带表达式,是研究多径衰落的一个基本的广义平稳随机过程。衰落率方差是衡量一个广义平稳过程衰落速率的最简单统计量,其表达式如下:[78]

$$\begin{aligned}
\sigma_V^2(\alpha,\beta) = \frac{4\pi^2\Lambda^2 P_T}{3\lambda^2}\bigg\{ &1 + \frac{3}{2}\bigg[\xi\bigg(2\sin^2\beta - \frac{2}{3}\bigg) + \chi\sin 2\beta\cos(\alpha-\alpha_{\beta_{45}}^{\max}) \\
&+ \gamma\cos^2\beta\cos 2(\alpha-\alpha_{\beta_0}^{\max})\bigg]\bigg\}
\end{aligned} \qquad (3.29)$$

其中,λ 为载波波长。对于V2V通信的移动接收端而言,一般用均方时间变化率来衡量广义平稳过程的衰落速率,其表达式为

$$\begin{aligned}
\sigma_V^2(\alpha,\beta) = \frac{4\pi^2\Lambda^2 v_R^2 P_T}{3\lambda^2}\bigg\{ &1 + \frac{3}{2}\bigg[\xi\bigg(2\sin^2\beta - \frac{2}{3}\bigg) + \chi\sin 2\beta\cos(\alpha-\alpha_{\beta_{45}}^{\max}) \\
&+ \gamma\cos^2\beta\cos 2(\alpha-\alpha_{\beta_0}^{\max})\bigg]\bigg\}
\end{aligned} \qquad (3.30)$$

其中,v_R 为V2V通信接收端运动速度。

为便于与瑞利信道场景对比,本章把莱斯信道的衰落率方差进行标准化:

1. NLoS路径在3D球面等概率到达场景

令 $K=0$,则 $\Lambda=1, \xi=1/16, \chi=\gamma=0$,代入式(3.29)可得3D瑞利信道的衰落率方差

$$\sigma_{\text{V-Ray}}^2(\alpha,\beta)=\frac{\pi^2 P_{\text{T}}}{4\lambda^2}(5+\sin^2\beta) \tag{3.31}$$

那么,标准化的莱斯信道衰落率方差为

$$\sigma_{\text{N}}^2(\alpha,\beta)=\frac{\sigma_{\text{V}}^2(\alpha,\beta)}{\sigma_{\text{V-Ray}}^2(\alpha,\beta)}=\frac{8\Lambda^2}{5+\sin^2\beta}\left[\frac{2}{3}+\xi\left(2\sin^2\beta-\frac{2}{3}\right)\right.$$
$$\left.+\chi\sin 2\beta\cos\left(\alpha-\alpha_{\beta_{45}}^{\max}\right)+\gamma\cos^2\beta\cos 2\left(\alpha-\alpha_{\beta_0}^{\max}\right)\right] \tag{3.32}$$

2. NLoS路径在方位角和俯仰角方向的到达概率都服从均匀分布场景

令 $K=0$,则 $\Lambda=1, \xi=\chi=\gamma=0$,则3D瑞利信道的衰落率方差

$$\sigma_{\text{V-Ray}}^2(\alpha,\beta)=\frac{4\pi^2 P_{\text{T}}}{3\lambda^2} \tag{3.33}$$

那么,标准化的莱斯信道衰落率方差为

$$\sigma_{\text{N}}^2(\alpha,\beta)=\frac{\sigma_{\text{V}}^2(\alpha,\beta)}{\sigma_{\text{V-Ray}}^2(\alpha,\beta)}=\Lambda^2\left\{1+\frac{3}{2}\left[\xi\left(2\sin^2\beta-\frac{2}{3}\right)\right.\right.$$
$$\left.\left.+\chi\sin 2\beta\cos\left(\alpha-\alpha_{\beta_{45}}^{\max}\right)+\gamma\cos^2\beta\cos 2\left(\alpha-\alpha_{\beta_0}^{\max}\right)\right]\right\} \tag{3.34}$$

3.4.2　包络与容量的电平通过率与平均衰落周期

包络的(空间)电平通过率是指信号包络在单位距离内以正斜率通过某一指定电平值的平均次数。由文献[132]可知,莱斯包络及其导数包络是相互独立的,所以莱斯信道的电平通过率可表示为

$$\begin{aligned}
N(\rho_N,\alpha,\beta) &= \int_0^\infty \dot{r} p(\rho_N,\dot{r}) \mathrm{d}\dot{r} = \int_0^\infty P_{\text{Ric}}(\rho_N) p_{\text{Ric}}(\dot{r}) \dot{r} \mathrm{d}\dot{r} \\
&= P_{\text{Ric}}(\rho_N) \int_0^\infty p_{\text{Ric}}(\dot{r}) \dot{r} \mathrm{d}\dot{r} = P_{\text{Ric}}(\rho_N) \int_0^\infty \sqrt{\frac{1}{2\pi\sigma_V^2}} \exp\left(-\frac{\dot{r}^2}{2\sigma_V^2}\right) \dot{r} \mathrm{d}\dot{r} \\
&= P_{\text{Ric}}(\rho_N) \sqrt{\frac{1}{2\pi\sigma_V^2}} \left[-\sigma_V^2 \exp\left(-\frac{\dot{r}^2}{2\sigma_V^2}\right)\right]_0^\infty \\
&= P_{\text{Ric}}(\rho_N) \sqrt{\frac{1}{2\pi\sigma_V^2}} \sigma_V^2 = \frac{\sqrt{2\pi}}{2\pi} \sigma_V P_{\text{Ric}}(\rho_N) \\
&= \frac{\sqrt{2\pi}}{2\pi} \sigma_V \frac{\rho_N}{\sigma^2} \exp\left(-\frac{\rho_N^2+\rho^2}{2\sigma^2}\right) I_0\left(\frac{\rho_N \rho}{\sigma^2}\right) \\
&= \frac{\sqrt{2\pi} \sigma_V \rho_N}{2\pi\sigma^2} \exp\left(-\frac{\rho_N^2+\rho^2}{2\sigma^2}\right) I_0\left(\frac{\rho_N \rho}{\sigma^2}\right)
\end{aligned} \quad (3.35)$$

其中, $\rho_N = R_l/\sqrt{P_T}$ 是标准化阈值电平, R_l 是包络阈值; $p(\rho_N,\dot{r})$ 为 ρ_N 和莱斯包络导数 $\dot{r}$ 的联合概率分布; $P_{\text{Ric}}(\cdot)$ 为莱斯分布的概率密度函数。那么, 包络平均衰落周期可以表示为

$$\bar{l}(\rho_N,\alpha,\beta) = \frac{1}{N(\rho_N,\alpha,\beta)} \int_0^{\rho_N} P_{\text{Ric}}(r) \mathrm{d}r = \frac{1}{N(\rho_N,\alpha,\beta)} \left[1 - Q_1\left(\frac{\rho}{\sigma},\frac{r}{\sigma}\right)\right]_0^{\rho_N} \quad (3.36)$$

其中

$$Q_M(a,b) = \int_b^\infty x \left(\frac{x}{a}\right)^{M-1} \exp\left(-\frac{x^2+a^2}{2}\right) I_{M-1}(ax) \mathrm{d}x$$

为 Marcum-Q 函数, 则

$$Q_1(a,b) = \int_b^\infty x \exp\left(-\frac{x^2+a^2}{2}\right) I_0(ax) \mathrm{d}x$$

所以式(3.36)可化为

$$\bar{l}(\rho_N,\alpha,\beta) = \frac{1}{N(\rho_N,\alpha,\beta)} \left[1 - Q_1\left(\frac{\rho}{\sigma},\frac{r}{\sigma}\right)\right]_0^{\rho_N} = \frac{Q_1\left(\frac{\rho}{\sigma},0\right) - Q_1\left(\frac{\rho}{\sigma},\frac{\rho_N}{\sigma}\right)}{N(\rho_N,\alpha,\beta)} \quad (3.37)$$

将公式(3.29)代入式(3.35), 即可获得 3D 莱斯信道的电平通过率; 将公式(3.35)代入式(3.37), 即可获得 3D 莱斯信道的平均衰落周期。

由文献[133]和[134]可知, 函数与其单调复合函数具有一致的电平通过率和平均衰落周期等二阶统计特性。香农公式(带宽利用率)如下:

$$C = \log_2\left(1 + \frac{R_l^2}{N}\right) = \log_2\left(1 + \frac{\rho_N^2 P_T}{N}\right) = \log_2(1 + \eta \rho_N^2) \quad (3.38)$$

其中，C 为瞬时容量，N 为噪声功率，η 为平均信噪比。所以

$$\rho_N = \sqrt{\frac{2^C-1}{\eta}} \tag{3.39}$$

将公式(3.39)代入公式(3.35)即可得瞬时容量的电平通过率：

$$N_C(C,\alpha,\beta) = \frac{\sqrt{2\pi\eta(2^C-1)}\,\sigma_V}{2\pi\eta\sigma^2}\exp\left(-\frac{2^C-1+\eta\rho^2}{2\eta\sigma^2}\right)I_0\left(\frac{\rho\sqrt{\eta(2^C-1)}}{\eta\sigma^2}\right) \tag{3.40}$$

将公式(3.39)代入公式(3.37)即可得瞬时容量的平均衰落周期：

$$\bar{l}_C(C,\alpha,\beta) = \frac{Q_1\left(\frac{\rho}{\sigma},0\right) - Q_1\left(\frac{\rho}{\sigma},\frac{\sqrt{\eta(2^C-1)}}{\eta\sigma}\right)}{N_C(C,\alpha,\beta)} \tag{3.41}$$

3.4.3 空间相关函数与相干距离

在多天线空间复用系统中，空间相关可用来衡量两个天线信号之间的空间关系。因为没有足够的散射体或天线阵元间距设置过小，多天线信道之间一般都存在空间相关性。空间相关性会严重降低多天线系统的大容量传输性能，因此多天线系统设计应尽量降低空间相关。由文献[135]可知，空间相关函数可由麦克劳林级数表示，即

$$\begin{aligned}
R(r_c,\alpha,\beta) &= 1 + \frac{\sum_{n=1}^{\infty}\frac{(-1)^n r_c^{2n}}{(2n)!}E\left[\left(\frac{d^n r}{dr_c^n}\right)^2\right]}{E(r^2)-[E(r)]^2} \\
&= 1 - \frac{E\left[\left(\frac{dr}{dr_c}\right)^2\right]}{2\{E(r^2)-[E(r)]^2\}}r_c^2 + \cdots \\
&= 1 - \frac{\sigma_V^2(\alpha,\beta)}{2V_{\text{Ric}}(r)}r_c^2 + \cdots
\end{aligned} \tag{3.42}$$

其中，r_c 为空间间距，$V_{\text{Ric}}(r)$ 为莱斯分布的方差。同时，空间函数也可以近似为指数函数及其麦克劳林展开式[67]，即

$$R(r_c,\alpha,\beta) \approx \exp\left[-a\left(\frac{r_c}{\lambda}\right)^2\right] \approx 1 - a\left(\frac{r_c}{\lambda}\right)^2 + \cdots \tag{3.43}$$

其中，a 为常数。令式(3.42)等于公式(3.43)，则

$$a = \frac{\sigma_V^2(\alpha,\beta)\lambda^2}{2V_{Ric}(r)}$$

所以

$$R(r_c,\alpha,\beta) \approx \exp\left[-\frac{\sigma_V^2(\alpha,\beta)r_c^2}{2V_{Ric}(r)}\right] = \exp\left\{\frac{-2(K+1)\sigma_V^2(\alpha,\beta)r_c^2}{P_T\left[4(K+1)-\pi L_{1/2}^2(-K)\right]}\right\} \quad (3.44)$$

相干距离是衡量信道空间选择特性的指标之一，当间隔大于等于相干距离时，空间相关性会低于特定水平。若定义空间相关系数为 $\exp(-1)$ 时的空间间隔为相干距离，则相干距离可以表示为

$$D_c(\alpha,\beta) = \frac{\sqrt{P_T\left[4(K+1)-\pi L_{1/2}^2(-K)\right]}}{\sigma_V(\alpha,\beta)\sqrt{2(K+1)}} \quad (3.45)$$

3.4.4 最小阵元间隔距离

天线阵列可以带来频谱效率的巨大提高和能源效率的增益，大规模阵列天线技术也已被选为 5G 的主要关键技术之一，成为未来 V2V 大容量通信的支撑。但是，大规模阵列天线可用于布放阵元的 3D 空间有限，需要在 3D 空间中优化设计阵元间的间距，并计算最小可接受的阵元间隔距离。假设阵列天线可以接受的最大空间相关系数为 ρ_{max}，那么由式(3.46)可知，此时的空间间隔 Δr 可以表示为

$$\Delta r = \frac{\sqrt{-2V_{Ric}(r)\ln\rho_{max}}}{\sigma_V(\alpha,\beta)} \quad (3.46)$$

由式(3.46)可知，使衰落率方差的平方根 $\sigma_V(\alpha,\beta)$ 达到最大，或使衰落率方差 $\sigma_V^2(\alpha,\beta)$ 达到最大，最小可接受的阵元间隔 Δr_{min} 即可获得。

$$\max \sigma_V(\alpha,\beta) \Leftrightarrow \max \sigma_V^2(\alpha,\beta)$$

$$\Leftrightarrow \max\left[\xi\left(2\sin^2\beta - \frac{2}{3}\right) + \chi\sin 2\beta\cos(\alpha - \alpha_{\beta_{45}}^{max}) + \gamma\cos^2\beta\cos 2(\alpha - \alpha_{\beta_0}^{max})\right] \quad (3.47)$$

其中，$\Leftrightarrow$ 为等价符号。当 $\alpha = \alpha_{\beta_{45}}^{max} = \alpha_{\beta_0}^{max}$ 时，式(3.47)达到最大，所以

$$\max \sigma_V^2(\alpha,\beta) \Leftrightarrow \max\left[\xi\left(2\sin^2\beta - \frac{2}{3}\right) + \chi\sin 2\beta + \gamma\cos^2\beta\right]$$

$$= \max\left[\left(\frac{\gamma}{2} - \xi\right)\cos 2\beta + \chi\sin 2\beta + \frac{\gamma}{2} + \frac{\xi}{3}\right]$$

$$\Leftrightarrow \max\left[\left(\frac{\gamma}{2} - \xi\right)\cos 2\beta + \chi\sin 2\beta\right]$$

$$= \max\left[\sqrt{\chi^2 + \left(\frac{\gamma}{2} - \xi\right)^2}\sin(2\beta + \varphi)\right] \tag{3.48}$$

所以当 $\alpha = \alpha_{\beta_{45}}^{\max} = \alpha_{\beta_0}^{\max}$, $\varphi = \arcsin\dfrac{\gamma - 2\xi}{\sqrt{4\chi^2 + (\gamma - 2\xi)^2}}$ 时，式(3.48)达到最大，衰落率方差 $\sigma_V^2(\alpha,\beta)$ 也达到最大，即

$$\max \sigma_V^2(\alpha,\beta) = \frac{4\pi^2 \Lambda^2 P_T}{3\lambda^2}\left\{1 + \frac{3}{2}\left[\sqrt{\chi^2 + \left(\frac{\gamma}{2} - \xi\right)^2} + \frac{\gamma}{2} + \frac{\xi}{3}\right]\right\}$$

$$= \frac{\pi^2 \Lambda^2 P_T}{3\lambda^2}\left[4 + 3\sqrt{4\chi^2 + (\gamma - 2\xi)^2} + 3\gamma + 2\xi\right] \tag{3.49}$$

那么，最小可接受的阵元间隔 $\Delta r_{\min}$ 可表示为

$$\Delta r_{\min} = \frac{\sqrt{-2V_{Ric}(r)\ln\rho_{\max}}}{\max \sigma_V(\alpha,\beta)}$$

$$= \frac{\sqrt{-2V_{Ric}(r)\ln\rho_{\max}}}{\dfrac{\pi\Lambda}{\lambda}\sqrt{\dfrac{P_T}{3}\left[4 + 3\sqrt{4\chi^2 + (\gamma - 2\xi)^2} + 3\gamma + 2\xi\right]}}$$

$$= \frac{\lambda}{\pi\Lambda}\sqrt{\frac{-3[4(K+1) - \pi L_{1/2}^2(-K)]\ln\rho_{\max}}{2(K+1)\left[4 + 3\sqrt{4\chi^2 + (\gamma - 2\xi)^2} + 3\gamma + 2\xi\right]}} \tag{3.50}$$

3.5 仿真分析

本节主要仿真和分析3D空间角度对信道空间统计特性的影响。由式(3.30)可知，V2V通信接收端的运动速度只影响衰落率方差的幅度，且标准化衰落率方

差与接收端的运动速度无关,因此为便于分析,本节假设接收端运动速度 $v_R=$ 1m/s。若无特别说明,针对市区 V2V 通信场景,本节采用 5.915 GHz 作为载波频率,并假设 $K=2$,$P_T=1$,$\alpha_0=\pi/4$ 且 $\beta_0=\pi/6$。

3.5.1 多径角度功率谱密度与成型因子

在场景①(NLoS 路径在 3D 球面等概率到达)下,图 3.2 描述了不同角度方向对 2D 和 3D 莱斯信道多径角度功率谱密度(APD)的影响;场景②(NLoS 路径在方位角和俯仰角方向的到达概率都服从均匀分布)下的多径 APD 与图 3.2 类似。在场景①和场景②下,图 3.3 和图 3.4 分别描述了不同 LoS 俯仰角方向对 2D 和 3D 莱斯信道多径成型因子的影响。对于 2D 莱斯信道,假设 LoS 路径到达角度为 α_0,NLoS 路径到达方向在水平面等概率出现,那么 2D 多径 APD 可以表示为

$$P(\alpha)=\frac{P_T[1+2\pi K\delta(\alpha-\alpha_0)]}{[2\pi(K+1)]}$$

即文献[67]、[72]和[73]所使用的多径 APD 模型,相应的 2D 多径成型因子为

角扩展:

$$\Lambda=\frac{\sqrt{2K+1}}{(K+1)}$$

角收缩:

$$\gamma=\frac{K}{(2K+1)}$$

最大衰落方位角方向:

$$\alpha_{\max}=\alpha_0+n\pi \quad (n \text{ 为整数})$$

由图 3.2~图 3.4 可知,2D 多径 APD 和多径成型因子不能充分反映信道空间信息特性,需对 3D 莱斯信道展开研究。

图 3.3 和图 3.4 中的多径成型因子曲线变化规律极为类似,只是在幅度上稍有不同,说明 NLoS 多径来波在水平面和竖直面的到达概率可视为相互独立的,同时也相互印证了两种场景下各公式推导的正确性。衰落率方差、电平通过率、平均衰落周期、空间相关函数、相干距离和最小阵元间隔距离等信道统计特性也都由成型因子构成,因此,本节之后只仿真分析场景①下的信道空间统计特性。如图 3.3 和图 3.4 所示,所有 3D 多径成型因子曲线都相对于 $\beta_0=0$ 直线对称,其中角扩展 Λ、俯仰角收缩 ξ 和 45°俯仰角收缩 χ 在 $\beta_0=0$ 处取得各自最小值,而方位角收缩 γ 在该处取得其最大值。另外,当 $\beta_0=\pm\pi/2$ 时,$\Lambda=1$,表示多径接收功率的角度没有明

显的差异(如 Clark 模型);当 $\beta_0 = 0, \pm \pi/2$ 时,$\chi = 0$,表示一个水平或垂直镜面对称的 APD。由图 3.2~图 3.4 可知,3D 多径 APD 和成型因子的变化规律主要取决于 LoS 路径的俯仰角方向。

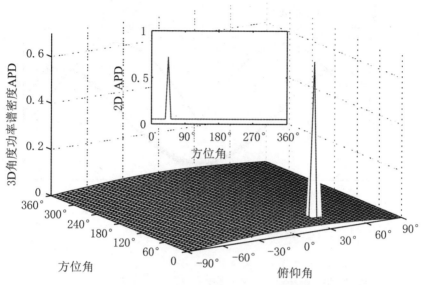

图 3.2 场景①的多径角度功率谱密度

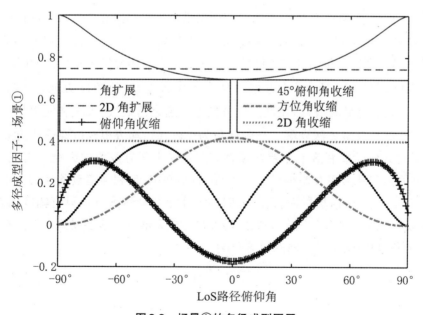

图 3.3 场景①的多径成型因子

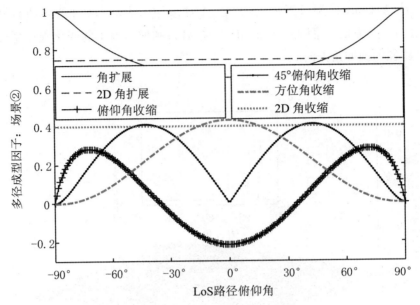

图 3.4 场景②的多径成型因子

3.5.2 衰落率方差

图 3.5 描述了不同 3D 角度方向对莱斯信道均方根标准衰落率方差的影响。因为 LoS 路径的到达方位角设置为 $\alpha_0 = \pi/4$,所以由公式(3.21)和式(3.22)可知,45° 俯仰角下最大衰落方位角和 0° 俯仰角下最大衰落方位角分别为 $\alpha_{\beta_{45}}^{max} = \pi/4$ 和 $\alpha_{\beta_0}^{max} = 5\pi/4$。因此,如图 3.5 所示,均方根标准衰落率方差在 3D 角度方向 $(5\pi/4, 0)$ 和 $(\pi/4, \pi/4)$ 处取得最大值,即在这两个方向上信道衰落最快,天线和波束指向应避开这两个方向,以避免深衰落。当俯仰角为 $\pm\pi/2$ 时,均方根标准衰落率方差为常量,说明均方根标准衰落率方差在竖直方向不受水平方位角的影响。由图 3.5 可知,均方根标准衰落率方差小于 1,说明在 3D 空间中,瑞利信道衰落速度大于莱斯信道。对于 V2V 通信场景而言,均方时间变化率与衰落率方差只有幅度的差异,其变化规律也可由图 3.5 获得。总之,均方根标准衰落率方差会受到 LoS 路径的到达方位角和 3D 空间角度方向的显著影响。

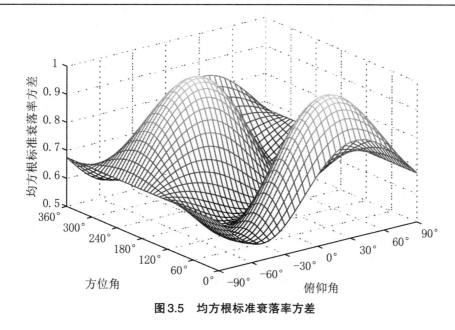

图 3.5　均方根标准衰落率方差

3.5.3　电平通过率与平均衰落周期

图 3.6 和图 3.7 分别描述了不同标准化阈值和 3D 角度方向对莱斯信道电平通过率(LCR)和平均衰落周期(AFD)的影响。如图 3.6 所示,LCR 主要取决于标准化阈值,同时也随 3D 角度方向快速变化,说明莱斯信道在 3D 空间中动态变化。与均方根标准衰落率方差类似,LCR 在特定标准化阈值下在 $(5\pi/4,0)$ 和 $(\pi/4,\pi/4)$ 处取得最大值。在特定俯仰角和不同方位角方向,随着标准化阈值的增大,LCR 直接逐渐增大,而在特定方位角和不同俯仰角方向,随着标准化阈值的增大,LCR 波动式增大,这说明莱斯信道的 LCR 在水平面和竖直面具有不同的动态变化特性。由公式(3.37)和图 3.7 可知,AFD 的变化规律与 LCR 大致相反,而容量与包络具有类似的二阶统计特性,所以容量 LCR 和 AFD 的变化规律也可由图 3.6 和图 3.7 获得。

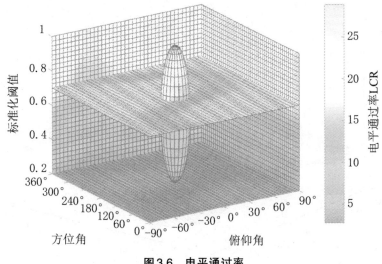

图3.6 电平通过率

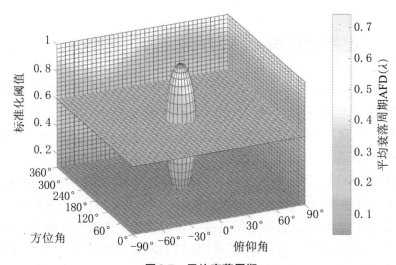

图3.7 平均衰落周期

3.5.4 空间相关函数与相干距离

图3.8描述了不同间隔距离和3D角度方向对莱斯信道空间相关函数(S-CF)的影响。当间隔距离 $r<0.1\lambda$ 时,S-CF取得最大值,此时S-CF与3D角度方向无关;随着 $r>0.1\lambda$ 并逐渐增大,S-CF逐渐减小,但相对于在特定方位角和不同俯仰角方向,在特定俯仰角和不同方位角方向的S-CF衰减更快,说明与LCR类似,S-

CF在水平面和竖直面也呈现出不同的动态变化特性。因为信道在$(5\pi/4,0)$和$(\pi/4,\pi/4)$方向衰落最快，所以在这两个方向上，特定间隔距离下的S-CF取得最小值。由图3.8可知，S-CF在3D角度方向上动态变化，但当间隔距离$r \geqslant 0.5\lambda$时，S-CF已变得足够小(不足0.1)，因此对于5.915 GHz的V2V通信，在本节设置下，半波长可以作为合适的天线阵元间隔。

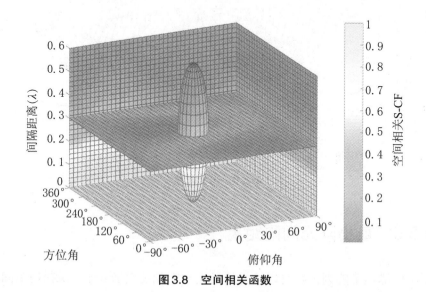

图3.8 空间相关函数

图3.9描述了S-CF为$\exp(-1)$时，不同3D角度方向对莱斯信道相干距离的影响。与均方根标准衰落率方差类似，当俯仰角为$\pm\pi/2$时，相干距离为常量，说明相干距离在竖直方向也不受水平方位角的影响。但与均方根标准衰落率方差相反，相干距离在3D角度方向于$(5\pi/4,0)$和$(\pi/4,\pi/4)$处取得最小值。由图3.8和图3.9可知，S-CF和相干距离对3D角度方向都较为敏感，因此天线阵列的相邻阵元间隔距离设置也应随3D角度改变而变化，阵元位置灵活自动调整也就成为未来天线设计的需求之一。

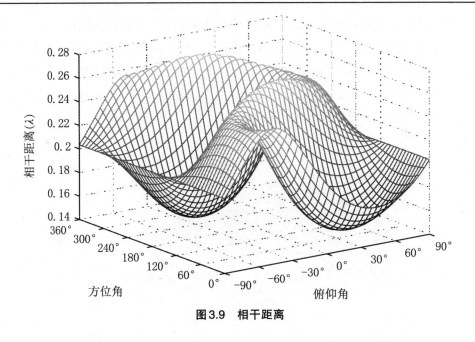

图3.9 相干距离

3.5.5 最小阵元间隔距离

图3.10描述了阵列天线可以接受的最大空间相关系数$\rho_{max}=0.3$时,不同莱斯因子K和LoS路径俯仰角对莱斯信道最小阵元间隔距离的影响。如图3.10所示,所有最小阵元间隔距离曲线都相对于$\beta_0=0$直线对称,并在$\beta_0=0$处取得最大值。随着莱斯因子K的增大,最小阵元间隔距离曲线在$\beta_0=0$处的值越大,而在偏离$\beta_0=0$的左右两侧处的值越小,但当$K\geqslant 6\,dB$时,最小阵元间隔距离曲线就趋于重合,如$K=6\,dB$和$K=7\,dB$时最小阵元间隔距离的平均相对偏差已减少至1.3%。为减少空间相关带来的不利影响,在本节设置下,阵元间距设置不应小于0.18λ。

由公式(3.29)~(3.50)和图3.5~3.10可知,本文所提3D Rice信道多径APD模型和所推导的信道空间统计特性充分表征了V2V通信多径来波功率在不同3D角度方向上具有不同衰落规律的空间选择特性,研究结果可以有效简化天线阵列和波束赋形技术的设计和优化。

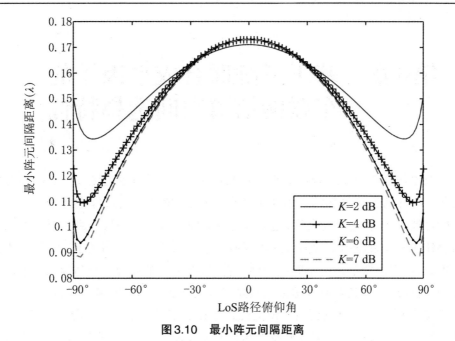

图3.10 最小阵元间隔距离

本 章 小 结

针对两种场景(NLoS路径在3D球面等概率到达,NLoS路径在方位角和俯仰角方向的到达概率都服从均匀分布),本章首先分别建立了两种场景的3D莱斯信道多径角度功率谱密度模型。然后,基于3D成型因子理论,推导出了两种场景下的非规范复球谐系数、多径成型因子、衰落率方差、(包络及容量)电平通过率、(包络及容量)平均衰落周期、空间相关函数、相干距离和最小阵元间隔距离等信道空间统计特性的闭合表达式。最后,针对市区V2V通信场景,仿真分析了不同3D角度空间方向对信道空间统计特性的影响。仿真结果表明:3D角度空间方向对各信道空间统计特性有着显著影响。本书所提3D莱斯信道多径角度功率谱密度模型和所推导的信道空间统计特性可表征V2V通信多径来波功率在不同3D角度方向上具有不同衰落规律的空间选择特性,相关工作可以有效简化3D天线阵列和波束赋形等V2V通信传输技术的设计和优化。

第4章 基于三维联合成型因子的车联网信道空间选择特性

无线电波在信道中传播时会产生小尺度衰落,不同路径电磁波具有不同的传播时延[144],且到达接收端的衰落速率各异,多径衰落的空间选择性将影响空间多样性的性能[145]。通过研究发现,选择合适的方向角可减小小尺度衰落对多输入多输出(MIMO)波束赋形和智能天线阵列通信系统的影响。本书基于三维联合成型因子理论,研究莱斯信道的空间选择性。首先,提出三维联合多径角度功率谱密度模型,然后推导三维联合双复球谐函数及三维联合成型因子的表达式,且进一步指出并修正现有三维联合成型因子理论公式存在的不足之处。研究结果可为5G通信中三维多输入多输出波束成型技术和智能天线阵列的分析和设计提供量化和简化的理论支持。

4.1 国内外研究现状

研究二维信道时,首先提出二维角度功率密度函数模型,然后推导二维复球谐函数和成型因子(角扩展、角收缩和最大衰落方向),最后仿真分析小尺度衰落对信道空间统计特性的影响。文献[144]和文献[146]提出了多径衰落概念,详细介绍了一阶和二阶小尺度衰落信道,并提出经典模型:扇形信道模型、双扇形信道模型和莱斯信道模型。文献[67]提出了多径成型因子理论,推导出二维复球谐函数和二维空间统计特性(角扩展、角收缩、最大衰落方向、衰落速率方差),简化了对无线接收机小尺度衰落统计特性的描述。文献[72]和文献[73]用莱斯和Nakagami-m模型对多径衰落信道进行了描述,采用成型因子计算信道统计特性。文献[68]分析了基站和定向天线对二阶统计特性的影响,提出通过成型因子对测量结果进行量化分析,并推导出信号接收电压、接收功率的表达式。文献[70]提出了基于衰落统计的空间信道模型,基于成型因子推导得到平均衰落持续时间、自协方差和相干距离。文献[147]为了研究LoS路径和NLoS路径对信道空间特性的影响,比较分析了24 GHz波在城市和郊区场景中的传播测量结果。

文献[51]的测量结果表明,在市区通信场景中,接收端接收的信号功率仰角可达40°。实际无线通信基本也都在三维空间中进行,因此研究三维信道更具有普适应性。文献[78]在文献[67]的基础上,建立了三维多径成型因子理论,即建立了3D APD模型,推导6个非规范复球谐函数和成型因子,然后基于成型因子推导空间统计特性,提出了水平环形散射模型、圆形散射模型、单方位角散射扇形模型、双方角位散射模型来验证所提理论的有效性。文献[148]给出了无线信道空间选择特性的一阶矩和二阶矩的特征方程、方位角扩展和空间多普勒功率谱扩展。文献[84]通过对空间衰落二阶矩的分析,定义和描述了方向能量分布二阶矩的空间协方差矩阵,利用该矩阵的特征值分解,提出了用方位展宽量化方法来研究三维信道在接收端方位角上的分散程度。文献[80]提出了空对地(A2G)无线电传播环境下的三维信道模型,并推导分析了空地通信场景下的三维成型因子。文献[80]和文献[149-151]提到莱斯信道由LoS和NLoS组成,并以此来研究多径衰落的空间选择性。文献[152]推导了无线电波从发射端到接收端等概率到达的3D APD模型。文献[153]针对莱斯信道,建立了两个3D APD模型,推导了两种APD下的非规范复球谐函数、多径成型因子、衰落率方差、电平通过率、平均衰落周期、空间相关函数、相干距离和最小阵元距离等信道空间统计特性的表达式。文献[154]提出了二维和三维联合成型因子,然而,其中的一些公式不够严谨。文献[155]提出了一种基于几何广义可协调的三维随机模型,推导了方位角在三维联合信道的解析表达式,分析了各种物理信道参数对车辆传播环境空间统计特性的影响。

综上所述,现有对多经衰落空间选择特性的研究大多集中在接收端,仅有少数几篇文献同时考虑到了接收端和发射端,但只分析了瑞利信道,对应用更为广泛的莱斯信道尚未有研究。

4.2 3D APD模型和多径联合成型因子

4.2.1 联合多径形状因子理论

在二维信道中,多径联合成型因子可以根据2D APD复二重傅里叶变换推导出来[154]:

$$F_{n,m} = \int_0^{2\pi} \int_{-\frac{\pi}{2}}^{\frac{\pi}{2}} p(\theta_T, \theta_R) e^{j(n\theta_T + m\theta_R)} d\theta_T d\varphi_R \qquad (4.1)$$

在三维信道中,根据 3D APD $p(\theta_T, \varphi_T, \theta_R, \varphi_R)$ 的 l 次 m 阶,k 次 p 阶非规范复球谐系数可以推倒多径联合成型因子。

$$S_{l,k}^{m,p} = \int_0^{2\pi} \int_{-\frac{\pi}{2}}^{\frac{\pi}{2}} \int_0^{2\pi} \int_{-\frac{\pi}{2}}^{\frac{\pi}{2}} p(\theta_T, \varphi_T, \theta_R, \varphi_R) Y_{l,k}^{m,p} \cos\varphi_T \cos\varphi_R d\theta_T d\varphi_T d\theta_R d\varphi_R \qquad (4.2)$$

其中,θ_T 代表的是发射端的方位角;φ_T 代表的是发射端的俯仰角;θ_R 代表的是接收端的方位角;φ_R 代表的是接收端的俯仰角;$Y_{l,k}^{m,p}$ 代表的是联合复球谐函数,方位角的范围为 $[0, 2\pi]$,俯仰角的范围为 $[-\pi/2, \pi/2]$;对于 $S_{l,k}^{m,p}$,其中 S_l^m 代表的是 (θ_T, φ_T) 发射端的复球谐函数,S_k^p 代表的是 (θ_R, φ_R) 接收端的复球谐函数。

4.2.2 建立三维联合 APD

假设到达角在离开 LoS 波的接收角和到达接收端的到达角分别为 (θ_0, φ_0) 和 (θ_1, φ_1),并且 NLoS 的接收角和到达角在三维球面空间中均匀分布;莱斯信道由 LoS 部分和 NLoS 部分组成。

发射端的 3D APD 建模如下:

$$P(\theta_T, \varphi_T) = \frac{P_T}{K+1} f_{NLoS}(\theta_T, \varphi_T) + \frac{P_T}{K+1} f_{LoS}(\theta_T, \varphi_T)$$
$$= \frac{P_T}{2\pi^2(K+1)} [1 + 2\pi^2 K \delta(\theta_T - \theta_0, \varphi_T - \varphi_0)] \qquad (4.3)$$

接收端的 3D APD 建模如下:

$$P(\theta_R, \varphi_R) = \frac{P_R}{K+1} f_{NLoS}(\theta_T, \varphi_T) + \frac{P_R}{K+1} f_{LoS}(\theta_T, \varphi_T)$$
$$= \frac{P_R}{2\pi^2(K+1)} [1 + 2\pi^2 K \delta(\theta_R - \theta_1, \varphi_R - \varphi_1)] \qquad (4.4)$$

假设发射端和接收端相距较远,且有复杂的障碍物,则接收端和发射端信道相互独立,如市区移动通信。因此,3D APD 可由式(4.3)和式(4.4)相乘得到:

$$P(\theta_T, \varphi_T, \theta_R, \varphi_R) = P(\theta_T, \varphi_T) P(\theta_R, \varphi_R)$$
$$= \frac{P_T P_R}{4\pi^4(K+1)^2} [1 + 2\pi^2 K \delta(\theta_T - \theta_0, \varphi_T - \varphi_0)]$$
$$\times [1 + 2\pi^2 K \delta(\theta_R - \theta_1, \varphi_R - \varphi_1)] \qquad (4.5)$$

其中,P_R 是接收端接收到的总信号功率;P_T 是在发射端接收到的总信号功率;K 是莱斯因子,定义为LoS的功率与NLoS功率之比;$f_{\text{NLoS}}(\cdot,\cdot)=1/(2\pi^2)$为NLoS部分到达发射端和接收端的概率密度;$f_{\text{LoS}}(\cdot,\cdot)$为LoS部分到达发射端和接收端的概率密度;$\delta(\cdot,\cdot)$是描述$f_{\text{LoS}}(\cdot,\cdot)$的二维狄拉克函数。

根据公式(4.5),三维联合的APD可以退化得到二维联合的APD公式:

$$P_{(\theta_T,\theta_R)}=\frac{P_T P_R}{4\pi^2(K+1)^2}\left[1+2\pi K\delta(\theta_T-\theta_0)\right]\left[1+2\pi K\delta(\theta_R-\theta_1)\right] \quad (4.6)$$

4.2.3 双复球谐函数

参考文献[154],公式(4.2)中的$Y_{l,k}^{m,p}$有如下形式:

$$\begin{cases} Y_{0,0}^{0,0}(\theta,\varphi)=1 \\ Y_{1,0}^{0,0}(\theta,\varphi)=\sin\varphi_T \\ Y_{1,0}^{1,0}(\theta,\varphi)=\cos\varphi_T e^{j\theta_T} \\ Y_{1,1}^{0,0}(\theta,\varphi)=\sin\varphi_T\sin\varphi_R \\ Y_{1,1}^{1,1}(\theta,\varphi)=\cos\varphi_T\cos\varphi_R e^{j(\theta_T+\theta_R)} \\ Y_{1,1}^{1,-1}(\theta,\varphi)=\cos\varphi_T\cos\varphi_R e^{j(\theta_T-\theta_R)} \\ Y_{1,1}^{1,0}(\theta,\varphi)=\cos\varphi_T e^{j\theta_T}\sin\varphi_R \\ Y_{2,0}^{0,0}(\theta,\varphi)=2\sin^2\varphi_T-\dfrac{2}{3} \\ Y_{2,0}^{1,0}(\theta,\varphi)=\sin 2\varphi_T e^{j\theta_T} \\ Y_{2,0}^{2,0}(\theta,\varphi)=\cos^2\varphi_T e^{j2\theta_T} \end{cases} \quad (4.7)$$

相关的参数$Y_{0,1}^{0,0},Y_{0,1}^{0,1},Y_{0,2}^{0,0},Y_{0,2}^{0,1},Y_{0,2}^{0,2},Y_{1,1}^{0,1}$可以通过从$Y_{1,0}^{0,0},Y_{1,0}^{1,0},Y_{2,0}^{0,0},Y_{2,0}^{1,0},Y_{2,0}^{2,0},Y_{1,1}^{1,0}$中简单地交换T和R的指数获得,如式(4.8)所示:

$$\begin{cases} Y_{0,1}^{0,0}(\theta,\varphi)=\sin\varphi_R \\ Y_{0,1}^{0,1}(\theta,\varphi)=\cos\varphi_R e^{j\theta_R} \\ Y_{0,2}^{0,0}(\theta,\varphi)=2\sin^2\varphi_R-\dfrac{2}{3} \\ Y_{0,2}^{0,1}(\theta,\varphi)=\sin 2\varphi_R e^{j\theta_R} \\ Y_{0,2}^{0,2}(\theta,\varphi)=\cos^2\varphi_R e^{j2\theta_R} \\ Y_{1,1}^{0,1}(\theta,\varphi)=\cos\varphi_R e^{j\theta_R}\sin\varphi_T \end{cases} \quad (4.8)$$

根据定义,$Y_{0,1}^{0,-1}$如公式(4.9)所示:

$$Y_{0,1}^{0,-1}(\theta,\varphi)=\cos\varphi_R e^{-j\theta_R} \quad (4.9)$$

另外,在文献[163]中公式$Y_{0,2}^{0,0}(\theta,\varphi)$和$Y_{0,2}^{0,1}(\theta,\varphi)$存在不严谨之处,应该被更正为

$$\begin{cases} Y_{2,0}^{0,0}(\theta,\varphi)=\sin^2\varphi_{\text{T}}-\dfrac{1}{3} \\ Y_{2,0}^{1,0}(\theta,\varphi)=\dfrac{1}{2}\sin\varphi_{\text{T}}e^{j\theta_{\text{T}}} \end{cases} \quad (4.10)$$

$Y_{0,2}^{0,0}(\theta,\varphi)$ 和 $Y_{0,2}^{0,1}(\theta,\varphi)$ 在公式(4.8)中应该被更正为

$$\begin{cases} Y_{0,2}^{0,0}(\theta,\varphi)=\sin^2\varphi_{\text{R}}-\dfrac{1}{3} \\ Y_{0,2}^{0,1}(\theta,\varphi)=\dfrac{1}{2}\sin\varphi_{\text{R}}e^{j\theta_{\text{R}}} \end{cases} \quad (4.11)$$

根据三维联合的 APD，公式(4.2)、公式(4.7)~公式(4.11)，二重傅里叶函数 $S_{l,k}^{m,p}$ 推导如下：

$$\begin{cases}
S_{0,0}^{0,0}=\dfrac{P_{\text{T}}P_{\text{R}}}{\pi^2(K+1)^2}(2+\pi K\cos\varphi_0)(2+\pi K\cos\varphi_1) \\
S_{1,0}^{0,0}=\dfrac{P_{\text{T}}P_{\text{R}}}{2\pi(K+1)^2}K(2+\pi K\cos\varphi_1)\sin 2\varphi_0 \\
S_{0,1}^{0,0}=\dfrac{P_{\text{T}}P_{\text{R}}}{2\pi(K+1)^2}K(2+\pi K\cos\varphi_0)\sin 2\varphi_1 \\
S_{1,1}^{0,0}=\dfrac{P_{\text{T}}P_{\text{R}}}{4(K+1)^2}K^2\sin 2\varphi_0\sin 2\varphi_1 \\
S_{1,1}^{1,0}=\dfrac{P_{\text{T}}P_{\text{R}}}{2(K+1)^2}K^2 e^{-j\theta_0}\cos^2\varphi_0\sin 2\varphi_1 \\
S_{1,1}^{0,1}=\dfrac{P_{\text{T}}P_{\text{R}}}{2(K+1)^2}K^2 e^{-j\theta_1}\cos^2\varphi_1\sin 2\varphi_0 \\
S_{1,0}^{1,0}=\dfrac{P_{\text{T}}P_{\text{R}}}{\pi(K+1)^2}Ke^{-j\theta_0}(2+\pi K\cos\varphi_1)\cos^2\varphi_0 \\
S_{0,1}^{0,1}=\dfrac{P_{\text{T}}P_{\text{R}}}{\pi(K+1)^2}Ke^{-j\theta_1}(2+\pi K\cos\varphi_0)\cos^2\varphi_1 \\
S_{1,1}^{1,1}=\dfrac{P_{\text{T}}P_{\text{R}}}{(K+1)^2}K^2 e^{-j(\theta_0+\theta_1)}\cos^2\varphi_0\cos^2\varphi_1 \\
S_{1,1}^{1,-1}=\dfrac{P_{\text{T}}P_{\text{R}}}{(K+1)^2}K^2 e^{j(\theta_1-\theta_0)}\cos^2\varphi_0\cos^2\varphi_1 \\
S_{2,0}^{0,0}=\dfrac{P_{\text{T}}P_{\text{R}}}{3\pi(K+1)^2}K(3\sin^2\varphi_0-1)(2+\pi K\cos\varphi_1)\cos\varphi_0 \\
S_{0,2}^{0,0}=\dfrac{P_{\text{T}}P_{\text{R}}}{3\pi(K+1)^2}K(3\sin^2\varphi_1-1)(2+\pi K\cos\varphi_0)\cos\varphi_1 \\
S_{2,0}^{1,0}=\dfrac{P_{\text{T}}P_{\text{R}}}{\pi(K+1)^2}Ke^{-j\theta_0}(2+\pi K\cos\varphi_1)\sin\varphi_0\cos^2\varphi_0 \\
S_{0,2}^{0,1}=\dfrac{P_{\text{T}}P_{\text{R}}}{\pi(K+1)^2}Ke^{-j\theta_1}(2+\pi K\cos\varphi_0)\sin\varphi_1\cos^2\varphi_1 \\
S_{2,0}^{2,0}=\dfrac{P_{\text{T}}P_{\text{R}}}{\pi(K+1)^2}Ke^{-j2\theta_0}(2+\pi K\cos\varphi_1)\cos^3\varphi_0 \\
S_{0,2}^{0,2}=\dfrac{P_{\text{T}}P_{\text{R}}}{\pi(K+1)^2}Ke^{-j2\theta_1}(2+\pi K\cos\varphi_0)\cos^3\varphi_1 \\
S_{0,1}^{0,-1}=\dfrac{P_{\text{T}}P_{\text{R}}}{\pi(K+1)^2}Ke^{j\theta_1}(2+\pi K\cos\varphi_0)\cos^2\varphi_1
\end{cases} \quad (4.12)$$

4.2.4 三维联合成型因子

通过上述复球谐函数可以推导得到三维联合成型因子,将量化和简化莱斯信道的空间衰落统计量。假设方向角和俯仰角相互独立,三维联合成型因子式(4.13)~式(4.18)在联合端分离。在这里,联合成型因子"在单端的角扩展"和"在联合端的联合俯仰角收缩"在文献[154]和文献[155]中存在不严谨之处,这两个联合的成型因子将被改正如公式(4.13)和公式(4.19)所示:

1. 两端的角扩展

$$\begin{cases} \gamma_T = \sqrt{1 - \dfrac{\left(S_{1,0}^{0,0}\right)^2 + \left|S_{1,0}^{1,0}\right|^2}{\left(S_{0,0}^{0,0}\right)^2}} \\ \gamma_R = \sqrt{1 - \dfrac{\left(S_{0,1}^{0,0}\right)^2 + \left|S_{0,1}^{0,1}\right|^2}{\left(S_{0,0}^{0,0}\right)^2}} \end{cases} \tag{4.13}$$

其中,角扩展的范围为$[0,1]$,描述在某一方位角方向上多径功率的集中度;当$\gamma=0$此时信道为一个单信道模型;$\gamma=1$表明信道中没有明显的多径衰落。

2. 两端的俯仰角收缩

$$\begin{cases} \xi_T = \dfrac{3S_{2,0}^{0,0}S_{0,0}^{0,0} - 2\left(S_{1,0}^{0,0}\right)^2 + \left|S_{1,0}^{1,0}\right|^2}{2\left(S_{0,0}^{0,0^2} - S_{1,0}^{0,0^2} - \left|S_{1,0}^{1,0}\right|^2\right)} \\ \xi_R = \dfrac{3S_{0,2}^{0,0}S_{0,0}^{0,0} - 2\left(S_{1,0}^{0,0}\right)^2 + \left|S_{0,1}^{0,1}\right|^2}{2\left(\left(S_{0,0}^{0,0}\right)^2 - \left(S_{1,0}^{0,0}\right)^2 - \left|S_{0,1}^{0,1}\right|^2\right)} \end{cases} \tag{4.14}$$

其中,俯仰角收缩的范围为$[-0.5,1]$,描述多径APD在一个俯仰角方向或在同一个方位角而相反俯仰角方向的集中程度;$\xi=-0.5$表示两径APD集中在俯仰角方向;$\xi=1$表示两径APD集中在相反的俯仰角方向。

3. 两端的45°俯仰角收缩

$$\begin{cases} \chi_T = \dfrac{2\left|S_{2,0}^{1,0}S_{0,0}^{0,0} - S_{1,0}^{0,0}S_{1,0}^{1,0}\right|}{\left(S_{0,0}^{0,0}\right)^2 - \left(S_{1,0}^{0,0}\right)^2 - \left|S_{1,0}^{1,0}\right|^2} \\ \chi_R = \dfrac{2\left|S_{0,2}^{0,1}S_{0,0}^{0,0} - S_{0,1}^{0,0}S_{0,1}^{0,1}\right|}{\left(S_{0,0}^{0,0}\right)^2 - \left(S_{0,1}^{0,0}\right)^2 - \left|S_{0,1}^{0,1}\right|^2} \end{cases} \tag{4.15}$$

其中,45°俯仰角收缩的范围为$[0,1]$;$\chi=0$表示水平或者垂直镜面的APD;$\chi=1$表示两径APD来自于相对45°倾斜轴面对称的垂直面。

4. 两端的方位角收缩

$$\begin{cases} \varsigma_{\mathrm{T}} = \dfrac{\left|S_{2,0}^{2,0}S_{0,0}^{0,0}-\left(S_{1,0}^{1,0}\right)^2\right|}{\left(S_{0,0}^{0,0}\right)^2-\left(S_{1,0}^{0,0}\right)^2-\left|S_{1,0}^{1,0}\right|^2} \\ \varsigma_{\mathrm{R}} = \dfrac{\left|S_{0,2}^{0,2}S_{0,0}^{0,0}-\left(S_{0,1}^{0,1}\right)^2\right|}{\left(S_{0,0}^{0,0}\right)^2-\left(S_{0,1}^{0,0}\right)^2-\left|S_{0,1}^{0,1}\right|^2} \end{cases} \quad (4.16)$$

其中,方位角收缩,范围$[0,1]$,表示两径APD在方位角方向上的集中程度,当$\varsigma=1$代表两径来自于同一俯仰角方向。

5. 两端的45°俯仰角下最大衰落方位角

$$\begin{cases} \theta_{\varphi_{\mathrm{T}_{45}}}^{\max} = \arg\left\{S_{2,0}^{1,0}S_{0,0}^{0,0}-S_{1,0}^{0,0}S_{1,0}^{1,0}\right\} \\ \theta_{\varphi_{\mathrm{R}_{45}}}^{\max} = \arg\left\{S_{0,2}^{0,1}S_{0,0}^{0,0}-S_{0,1}^{0,0}S_{0,1}^{0,1}\right\} \end{cases} \quad (4.17)$$

其中,45°俯仰角下最大衰落方位角的范围$[0,\pi]$,代表在45°俯仰角下最大衰落方位角的方向。

6. 两端的0°俯仰角下最大衰落方位角

$$\begin{cases} \theta_{\varphi_{\mathrm{T}_0}}^{\max} = \dfrac{1}{2}\arg\left\{S_{2,0}^{2,0}S_{0,0}^{0,0}-\left(S_{1,0}^{1,0}\right)^2\right\} \\ \theta_{\varphi_{\mathrm{R}_0}}^{\max} = \dfrac{1}{2}\arg\left\{S_{0,2}^{0,2}S_{0,0}^{0,0}-\left(S_{0,1}^{0,1}\right)^2\right\} \end{cases} \quad (4.18)$$

其中,0°俯仰角下最大衰落方位角的范围为$[0,2\pi]$,代表在0°俯仰角下最大衰落方位角的方向。

7. 两端联合的俯仰角收缩

$$\Xi = \dfrac{2\left(S_{1,1}^{0,0}S_{0,0}^{0,0}-S_{1,0}^{0,0}S_{0,1}^{0,0}\right)}{2\left(S_{0,0}^{0,0}\right)^2-\left(\left(S_{1,0}^{0,0}\right)^2+\left(S_{0,1}^{0,0}\right)^2+\left|S_{1,0}^{1,0}\right|^2+\left|S_{0,1}^{0,1}\right|^2\right)} = 0 \quad (4.19)$$

其中,两端联合的俯仰角收缩的范围为$[-1,1]$;描述联合APD在俯仰角方向的空间分离度,$\Xi=0$说明链路两端联合APD在俯仰角方向是可分离的;当$\Xi=1$时,联合APD等于非零;$\Xi=-1$时,表示联合APD等于非零。

8. 两端的负极联合方位角收缩

$$\begin{cases} \Delta_+ = \dfrac{2\left|S_{0,0}^{0,0}S_{1,1}^{1,-1} - S_{1,0}^{1,0}S_{0,1}^{0,-1}\right|}{2\left(S_{0,0}^{0,0}\right)^2 - \left(S_{1,0}^{0,0}\right)^2 - \left(S_{0,1}^{0,0}\right)^2 - \left|S_{1,0}^{1,0}\right|^2 - \left|S_{0,1}^{0,1}\right|^2} = 0 \\ \Delta_- = \dfrac{2\left|S_{0,0}^{0,0}S_{1,1}^{1,1} - S_{1,0}^{1,0}S_{0,1}^{0,1}\right|}{2\left(S_{0,0}^{0,0}\right)^2 - \left(S_{1,0}^{0,0}\right)^2 - \left(S_{0,1}^{0,0}\right)^2 - \left|S_{1,0}^{1,0}\right|^2 - \left|S_{0,1}^{0,1}\right|^2} = 0 \end{cases} \quad (4.20)$$

其中,两端的负极联合方位角收缩的范围为$[0,1]$;描述联合APD在方位角的空间分离性;当$\Delta_- = \Delta_+ = 0$时,表明在链路两端联合APD在方位角方向上是相互分离的;当$\Delta_+ = 1$时,联合APD仅在$\theta_T - \theta_R = \theta_0^+$并且$\theta_0^+ \in [0, 2\pi]$,$\Delta_+$不等于零;当$\Delta_- = 1$时,联合APD仅在$\theta_T + \theta_R = \theta_0^-$,并且$\theta_0^- \in [0, 2\pi]$,$\Delta_-$不等于零。

9. 0°俯仰角下联合最大衰落方位角

$$\begin{cases} \theta_{TR_0}^{\max} + \theta_{RT_0}^{\max} = \arg\left\{S_{0,0}^{0,0}S_{1,1}^{1,1} - S_{1,0}^{1,0}S_{0,1}^{0,1}\right\} = 0 \\ \theta_{TR_0}^{\max} - \theta_{RT_0}^{\max} = \arg\left\{S_{0,0}^{0,0}S_{1,1}^{1,-1} - S_{1,0}^{1,0}S_{0,1}^{0,-1}\right\} = 0 \end{cases} \quad (4.21)$$

其中,0°俯仰角下联合最大衰落方位角的范围为$[0, 2\pi]$,代表在0°俯仰角下联合最大衰落方位角的方向。

10. 两端的联合方位角交叉收缩

$$\begin{cases} \kappa_T^R = \dfrac{2\left|S_{0,0}^{0,0}S_{1,1}^{1,0} - S_{1,0}^{1,0}S_{0,1}^{0,0}\right|}{2\left(S_{0,0}^{0,0}\right)^2 - \left(S_{1,0}^{0,0}\right)^2 - \left(S_{0,1}^{0,0}\right)^2 - \left|S_{1,0}^{1,0}\right|^2 - \left|S_{0,1}^{0,1}\right|^2} = 0 \\ \kappa_R^T = \dfrac{2\left|S_{0,0}^{0,0}S_{1,1}^{0,1} - S_{0,1}^{0,1}S_{1,0}^{0,0}\right|}{2\left(S_{0,0}^{0,0}\right)^2 - \left(S_{1,0}^{0,0}\right)^2 - \left(S_{0,1}^{0,0}\right)^2 - \left|S_{1,0}^{1,0}\right|^2 - \left|S_{0,1}^{0,1}\right|^2} = 0 \end{cases} \quad (4.22)$$

其中,两端的联合方位角交叉收缩的范围为$[0,1]$,描述联合APD在交叉方位角上的空间分离性,$\kappa_T^R = \kappa_R^T = 0$时,联合APD在发射端的方位角和接收端的俯仰角上是可分离的。

11. 联合最大方位角方向衰落下的方位角

$$\begin{cases} \theta_{T/\varphi_R}^{\max} = \arg\left\{S_{0,0}^{0,0}S_{1,1}^{1,0} - S_{1,0}^{1,0}S_{0,1}^{0,0}\right\} = 0 \\ \theta_{R/\varphi_T}^{\max} = \arg\left\{S_{0,0}^{0,0}S_{1,1}^{0,1} - S_{1,0}^{0,0}S_{0,1}^{0,1}\right\} = 0 \end{cases} \quad (4.23)$$

其中,联合最大方位角方向衰落下的方位角的范围为$[0, 2\pi]$,代表在方位角方向上45°俯仰角下联合最大交叉方位角的衰落方向。

4.3　结果和讨论

为了研究莱斯信道的空间选择性,本章利用MATLAB软件在2.4 GHz城市通信场景下,仿真分析三维联合的APD以及在LoS方向和莱斯因子对三维联合成型因子的影响。由于一些三维联合成型因子等于零,本节不再对它们进行分析。此外,还通过仿真验证了文献[154]和文献[155]中公式的不严谨之处。为了便于分析,总发射功率被归一化,即在仿真中设为 $P_T = 1$,获得曲线的其他参数,结果放在讨论的下面。

4.3.1　三维联合APD

图4.1描述了在不同方向上莱斯信道的三维联合APD,图4.1中使用的仿真参数的值设置为 $k=2$,在LoS方向方位角和俯仰角分别为 $\pi/4$ 和 $\pi/6$。为了进一步地描述,本节分别从方位角方向和俯仰角方向给出了三维联合的APD。如图4.1所示,在LoS的方向三维联合APD $(\pi/4, \pi/6)$ 达到最大值,即LoS方向。这是因为功率在到达方位角和离开NLoS波时,在三维球面空间中均匀分布,而LoS波的概率密度被描述为二维狄拉克函数。三维联合APD对莱斯信道的有显著影响,而二维APD不能完全捕获空间角方向信息,这表明了在第一部分中提到的二维信道在现有研究工作中的不足。

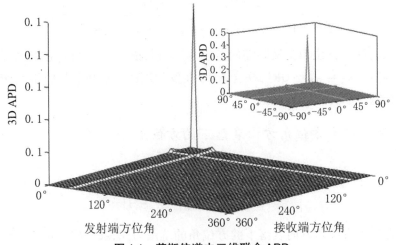

图4.1　莱斯信道中三维联合APD

4.3.2 LoS方向对联合成型因子的影响

因为联合的成型因子等于0,这里将不再进行讨论。本书假定NLoS波在到达角和离开角的功率在三维球空间中均匀分布,所以讨论的是LoS方向对联合成型因子的影响。图4.2描述了在LoS方位角对三维联合成型因子的影响。图4.2中使用的仿真参数的值设置为$K=2$,在LoS方向的俯仰角为$\pi/18$。如图4.2所示,角扩展、俯仰角收缩、方位收缩和45°俯仰角收缩都是常数,表明联合成型因子不受LoS方位角的影响。角扩展约为0.7,表明小尺度衰落很小;45°俯仰角收缩为-0.2,表明两个直径方向都集中在仰角方向;方位角对它几乎没有影响。方位角收缩是指两个直径方向在方位角方向上的集中程度,并且当它等于1时表示两个直径方向集中在俯仰角方向上。在图4.2中,方位角收缩等于0.4,表明两个直径方向既不集中在方位角方向,也不集中在俯仰角方向,两条路径的集中是任意的。45°俯仰角收缩约等于0.2,表明此时3D APD是水平或垂直镜面的APD模型。

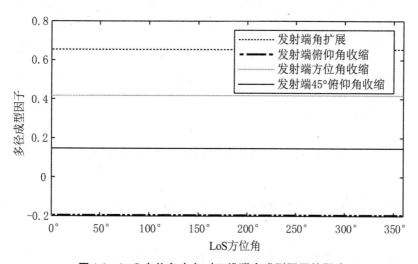

图4.2 LoS方位角方向对三维联合成型因子的影响

图4.3描述的是在LoS俯仰角对三维联合成型因子的影响,图4.3中使用的仿真参数的值设置为$K=2$,并且在LoS方向的方位角为$\pi/4$。如图4.3所示,角扩展、俯仰角收缩、方位收缩和45°俯仰角收缩都在俯仰角为0°时是对称的。当俯仰角为0°时,三维联合成型因子分别为0.6、-0.2、0.4和0,方位角收缩达到最大值,角扩展、俯仰角收缩和45°俯仰角收缩得到最小值。其中,俯仰角收缩和45°俯仰角收缩有多个最大值或最小值。在LoS俯仰角方向,角扩展从1开始衰减,最低点为0.6,之后返回1。当角扩展等于1时,表明信道中没有多径衰落。角扩展从1到

0.6，则表明不存在明显的小尺度衰落。俯仰角收缩从0增加到0.3，之后衰落到－0.2，在LoS俯仰角方向得到的最大值为[－90°,－60°]和[60°,90°]，表明信道衰落较小。方位角收缩先从0增加到0.4，然后下降到0，表明两个直径方向都来自相同的俯仰角方向。45°俯仰角收缩从0开始上升，最高点为0.4，最低点为0。此时，3D APD模型是一个水平或垂直的镜面APD，表明两个直径的APD来自倾斜轴对称的垂直平面。根据图4.2和图4.3，LoS俯仰角方向对多径形状因子有显著影响，但在LoS方位角方向相反。在5G通信中，三维MIMO波束赋形技术和智能天线阵列的性能与三维信道方向密切相关。因此，上述结果可以为三维MIMO波束赋形技术和智能天线阵列的分析和设计提供量化和简化的理论支持。

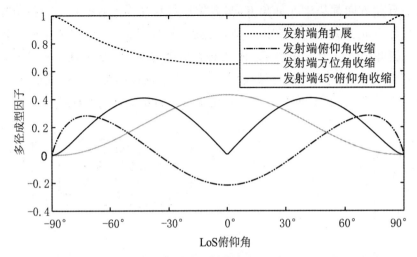

图4.3　LoS俯仰角方向对三维联合成型因子的影响

4.3.3　莱斯因子对联合成型因子的影响

图4.4描述了具有不同莱斯因子对联合成型因子的影响。在LoS方向，将该部分使用的的仿真参数方位角和仰角分别设置为$\pi/4$和$\pi/18$。莱斯因子定义为LoS信号功率与NLoS信号功率的比值，其值直接反映了信道衰落的程度。如果莱斯因子的值很小，说明信道衰落很严重；反之，如果它的值很大，衰落就很小。如图4.4所示，随着莱斯因子的增加，角扩展，俯仰角收缩，方位角收缩和45°俯仰角收缩逐渐接近一个常数。随着莱斯因子的增加，角扩展和俯仰角收缩逐渐减小，但角扩展衰减得更快，表明多径功率不再集中在一定的方向角上，这将对信道质量有很大的影响。方位角收缩和45°俯仰角收缩以近似的速率逐渐增大。最后，角扩展和45°俯仰角收缩趋于0.2，方位角收缩趋于0.4，并且俯仰角收缩趋于－0.2。当莱斯

因子达到一定值时,将不再影响联合成型因子,表明此时的信道衰落很小。不同的通信场景具有不同的莱斯因子,对5G通信技术的设计有不同的要求。例如,郊区开放场景中的莱斯因子较小,而城市复杂场景中的莱斯因子较大。因此,上述结果可以为5G通信技术的设计提供理论支持。

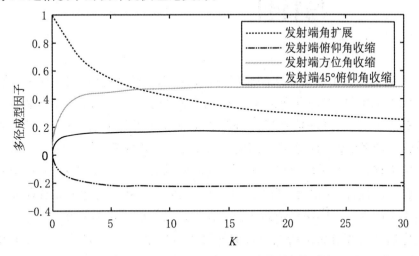

图4.4 不同的莱斯因子对多径成型因子的影响

本 章 小 结

三维MIMO波束赋形和智能天线阵列是5G通信的关键技术,其性能受到信道空间选择特性的直接影响。本章针对莱斯信道,提出了三维多径联合APD模型。在此APD模型的基础上,推导了三维联合复球谐函数和三维联合多径成型因子的表达式。进一步指出并修正了现有三维多径成型因子理论计算公式的不严谨之处。仿真分析表明,三维空间角度对莱斯信道衰落空间选择特性有显著的影响。

第5章 车车通信三维角度域干扰模型与特性

V2V通信网络由数量众多的通信节点构成,高密度频谱空间复用是提高频谱利用率的主要手段,然而这会带来严重的同频干扰。阵列天线和波束赋形技术为解决同频干扰问题,进而提升V2V通信性能提供了有效手段,而同频干扰的方向选择特性对两者的性能有着重要影响。由于干扰者在3D空域中非均匀分布,V2V通信同频干扰功率在不同3D角度方向上强度不同,需调整3D天线/波束指向以规避强干扰。因此,需在角度空间域对V2V通信同频干扰进行建模和特性分析。现有文献主要研究了不同网络结构或资源共享模式下的干扰模型及其特性[140,141],对干扰角度域建模和分析的研究只有文献[100]和文献[101],且此两篇文献都是基于2D空间的,而针对3D角度域V2V干扰模型及其特性的研究尚待开展。

由于大规模(分布式或蜂窝)V2V通信网络包含大量空间分离节点(如人、车、路等),任意V2V通信接收端的干扰信号数目众多,干扰信号类似于信道建模中多径散射信号[100,101],因此多径信道建模理论可为干扰空间统计特性的研究提供重要视角。针对现有研究的不足,本章提出一个3D高斯干扰空间分布模型,给出干扰角度功率谱密度(APD),基于3D成型因子理论,推导成型因子、衰落率方差、电平通过率、平均衰落周期、空间相关函数(S-CF)、相干距离等干扰空间统计特性的闭合表达式,并分析不同3D角度方向对干扰空间统计特性的影响。最后,结合本书第3章中3D莱斯信道(有用信号)的多径APD模型和信道空间统计特性,推导信干比的概率密度函数(PDF)和S-CF的闭合表达式,并分析不同信道和干扰参数对信干比PDF的影响,不同3D角度方向对信干比S-CF的影响。

5.1 国内外研究现状

在基于频谱资源空间复用的(LTE或5G)蜂窝V2V通信场景中,车联网终端之间、车联网终端和普通蜂窝网络节点之间的相互干扰不可避免[9,85]。同样,V2V Ad-Hoc自组网中也采用频谱空间复用,车联网终端之间也存在相互干扰。在无线通信干扰建模和分析领域,国内外学者已做了大量工作,其中蜂窝网、Ad-Hoc自组网和D2D(Device-to-Device)通信的干扰建模及特性研究成果对V2V通信的相应研究具有重要参考意义。

5.1.1 蜂窝网和Ad-Hoc自组网干扰建模及其特性研究现状

文献[86]针对异构蜂窝网络场景,提出了一个新的圆环干扰模型,该模型考虑了干扰节点的拓扑和功率配置,得到了任意接收端位置的总干扰特性。文献[87]针对多层异构网络,把干扰节点建模为空间泊松点分布,建立了总干扰模型,推导了干扰的特征函数,并分析了干扰对系统性能的影响。文献[88]提出了一个最近邻模型的变异模型来描述协作基站,用泊松点分布描述基站分布,并分析了系统干扰,求解了干扰表达式及其拉普拉斯变换。文献[89]针对非均匀分布用户场景,采用分级空间簇分布(簇空间泊松点分布),对总干扰进行了建模。文献[90]针对包含无穷多节点的移动Ad-Hoc网络,采用一般线性节点移动模型,研究了干扰预测问题。文献[91]针对多层异构网络,采用泊松簇空间分布模型建模干扰节点,研究了总干扰的概率分布。文献[92]针对密集无线网络,采用泊松空间点分布建模节点分布,提出了一个高效的干扰仿真方法。文献[93]研究了异构网络内存在的干扰问题和各种典型干扰场景,并选取一个典型上行干扰场景进行了建模分析。文献[94]在LTE异构网络场景下,研究了网络部署、业务量大小、区域扩展对干扰的影响。文献[95]针对认知无线网络中次用户对主用户产生的干扰会影响主用户通信甚至产生通信中断的问题,提出一种基于泊松分布的干扰模型,该模型考虑次用户对主用户基于信噪比的频谱感知概率,并在该模型的基础上针对不同的网络环境影响因素,得到了在不同环境下干扰模型的闭合表达式。文献[96]以GSM-R(Global System for Mobile Communications-Railway)网络环境为背景,推导了铁路无线通信线状覆盖网络模式的同频干扰概率公式,然后应用Wilkinson方法推导了非线状覆盖网络模式下经历阴影衰落的多个相关干扰源情况下的同频干扰概率公式,并分析了阴影衰落相关性对系统同频干扰性能的影响。文献[97]为解决宏蜂窝中覆盖毫微微蜂窝引起的干扰问题,建立了同层干扰和跨层干扰同时存在时的数学模型,并利用干扰因子进行干扰定性;划分干扰区域,将整个网络分为同层干扰主导区、跨层干扰主导区和同层跨层均衡区。文献[98]基于泊松空间点过程,研究了引入MAC(Media Access Control)协议来减小干扰相关性的影响这一问题,并推导了局部时延的均值和方差,量化分析了FHMA(Frequency Hopping Mutiple Access)协议和ALOHA协议对减小干扰相关性的影响。文献[99]首先分析了环形场景总干扰信号的特征函数，通过场景参数修改得到扇环形场景的干扰模型，并根据微积分思想，将任意形状场景分割为扇环形微元，使用扇环形的结论及对微元区域干扰对数特征函数的积分，得到了有限任意形状区域干扰对数特征函数的一般形式。文献[100]和文献[101]首次提出了干扰方位角功率谱的概念，基于二维成型因子理论对干扰进行了角度域建模，并分析了干扰及信干比的电平通过率、平均衰落周期、平均获得速率等统计特性。

综上所述，目前大多文献是基于干扰节点位置按照某种随机几何分布（如泊松点分布等），分析接收端总干扰包络或功率的大小及概率密度，而对干扰空间选择特性建模和分析的研究只有文献[100]和文献[101]，且此两篇文献都基于2D空间，针对3D V2V场景的干扰空间选择特性研究尚待开展。

5.1.2　D2D通信干扰建模及其特性研究现状

文献[102]基于IEEE 802.11无线局域网标准，在MATLAB软件为主要开发工具构建的链路级仿真平台上，仿真分析了D2D分别利用IEEE 802.11ax上、下行资源时D2D STA（Station）与AP（Access Point）/STA（AP控制下的非D2D STA）间的干扰，分别讨论了时偏、功率、频偏、保护带宽对干扰的影响，得到了D2D与AP/STA的功率性能曲线图，从而获得了影响干扰的关键因素。文献[103]介绍了D2D通信与蜂窝通信的无线资源共享模式，并对非正交模式下的干扰问题进行了详细分析。文献[104]分析了D2D通信中的干扰，主要分析了3种传统资源分配方案产生的干扰，它们分别为非正交共享模式，即通信用户与蜂窝小区用户资源复用模式（需要进行干扰协调）；正交共享模式，即通信用户与蜂窝小区用户正交使用小区资源的模式（无干扰）；蜂窝小区模式，即用户之间通过基站彼此进行通信，基站被看作是中继节点的模式（无干扰）。该文献最后重点介绍了不同资源共享模式下的干扰形式，并对不同的干扰形式进行了仿真分析。文献[105]对混合网络下的系统干扰模型进行了分析：首先，介绍了实现通信的基本假设条件，包括通信的融合方式、工作模式等；其次，研究了混合网络通信的系统模型，并分析了通信控制方式、连接建立方式、信道模型和应用场景；最后，对混合网络通信系统进行具体的干扰分析，并研究了无线资源的共享方式。文献[106]针对包含D2D通信的蜂窝网络，假设蜂窝用户在2D圆面内服从均匀分布，D2D用户复用蜂窝网络的上行资源，研究了D2D平均接收干扰功率，推导了其表达式，并分析了其变化趋势。文献[107]针对包含D2D通信的蜂窝网络，研究了干扰图的构建，提出了一个干扰图构建协议，并对该协议进行了理论分析和仿真验证。文献[108]分析了蜂窝网络下D2D上行干扰的数学特性，在该蜂窝网络中有一个普通蜂窝用户和一对

D2D用户共存。文献[109]针对蜂窝网络下D2D通信,建立了一个跨层模型以描述实际干扰场景的特性,求解了一个普通蜂窝链接和一对D2D链接共存下的稳态吞吐量闭合表达式,并推导了一个普通蜂窝链接和多对D2D链接共存下的稳态吞吐量上界。

综上所述,现有文献主要研究了网络结构、资源共享模式等对干扰特性带来的影响,而对D2D干扰的空间选择特性进行建模和深入分析的研究还尚待开展。

5.1.3　V2V通信干扰建模及其研究现状

文献[110]针对LoS和NLoS两种场景,在5.9 GHz上对V2V通信进行了测量,并基于测量研究了同频干扰对V2V通信性能的影响。文献[111]在安全交通场景下研究了隐藏终端问题,使用一个新的传播模型来描述由隐藏节点带来的干扰,并分析了干扰带来的影响。文献[112]针对十字路口场景,提出了一个V2V通信的理论干扰模型,推导了典型车辆终端的中断概率,并给出了功率控制的优化方法。文献[113]对车辆间无线通信干扰进行了简单建模,根据竞争时发送者数据包能否被接收节点有效接收,将干扰划分为通信范围内干扰和通信范围外干扰,并对两种干扰采取了不同的计算方式,在建模时充分考虑了节点发送速率、发射功率和拓扑分布等因素。文献[114]推导了V2V通信的多普勒扩展谱,并进一步研究了载波间干扰对正交频分复用(Orthogonal Frequency Division Multiplexing,OFDM)V2V通信系统的影响。文献[115]研究了干扰对车间通信系统的影响,用多次散射信道模型建模干扰链接,推导了SISO的信干比特性,并进一步把分析结果应用到了接收分集场景中。文献[116]为系统性能预测研究了干扰信号的近似,并在比特及数据包差错概率和数据包时延方面分析了干扰对IEEE 802.11p系统的影响。文献[117]为验证NS3中OFDM系统干扰模型的正确性进行了相应实验,描述了实验的方法、实验构造和最终结果,并基于实验结果修改了现有干扰模型以适应高密集车联网场景。

由以上可知,目前在角度域研究同频干扰的成果较为缺乏,而3D角度域V2V通信同频干扰的空间选择特性也尚待展开深入研究。

5.2 三维高斯干扰空间分布模型与干扰角度功率谱密度

5.2.1 三维高斯干扰空间分布模型

图 5.1 所示为 3D 高斯干扰空间分布模型,用以描述接收端干扰来波功率分布。图 5.1 中,R_x 为接收端;干扰者(基站或其他终端节点)与 R_x 具有 LoS 路径时,I 为干扰者,干扰者与 R_x 无 LoS 路径时,I 为干扰信号到达 R_x 前的最后一个散射体;S 为干扰所分布的 3D 空间(灰色区域);$\alpha \in [0, 2\pi]$ 为干扰来波方位角,$\beta \in [0, \pi/2]$ 为干扰来波俯仰角;r 为 I 到 R_x 的距离;σ 为高斯分布的标准差。

"小概率事件"一般是指发生概率小于 5% 的事件,而均值为 0 的高斯分布变量落在 $[-3\sigma, 3\sigma]$ 以外的概率小于 0.3%,在实际问题中常认为相应的事件是不会发生的,基本上可以把区间 $[-3\sigma, 3\sigma]$ 看作是高斯随机变量实际的取值区间,这称之为高斯分布的 3σ 原则。因此,根据高斯分布的 3σ 原则,图 5.1 中 r 的最大有效值为 3σ。

同时,3D 高斯干扰空间分布模型还基于以下假设和设定:

① 距离越远的干扰信号受到的路损、阴影及多径衰落越严重,即距离接收端越近的干扰信号功率越强,影响越大,因此干扰来波功率在 3D 空间距离上不服从均匀分布[142],假设其服从以接收端为中心的高斯分布[142],如图 5.1 所示,3D 空间 S 中颜色越深代表干扰功率越强;

② 实际通信中,水平和竖直方向的干扰者(或干扰散射体)分布是不同的,一般仰角越低,干扰者(或干扰散射体)越多,影响越大,因此高斯分布的标准差需要在水平和竖直方向分别控制;

③ 由于大规模 V2V 通信网络中节点多且密度高,因此假设干扰来波数目趋于无穷,可采用多径信道建模理论研究网络干扰的空间统计特性[100,101];

④ 假设各个干扰衰落信号服从瑞利分布或莱斯分布,由文献[120]和文献[136]可知,多个瑞利分布或莱斯分布的和分布可近似于一个 Nakagami-m 分布,因此接收端的总干扰信号服从 Nakagami-m 分布。

第5章 车车通信三维角度域干扰模型与特性

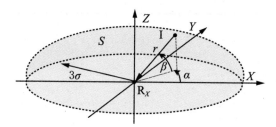

图 5.1　三维高斯干扰空间分布模型

5.2.2　干扰角度功率谱密度

假设干扰来波功率在 3D 空间 S 中服从高斯分布，其表达式为

$$f_G(x,y,z) = \frac{A_0}{\sqrt{2\pi}\,\sigma} \exp\left(-\frac{x^2+y^2+z^2}{2\sigma^2}\right) \tag{5.1}$$

其中，$f_G(x,y,z)$ 为笛卡儿直角坐标系下的空间高斯分布，且 $z \geq 0$；A_0 为常量，用于保证 $f_G(x,y,z)$ 在 3D 空域 S 中积分为 1。因为高斯分布的标准差需要在水平和竖直方向分别控制，本书假设高斯分布在水平方向的标准差为 σ_α，竖直方向的标准差为 σ_β，且 $\sigma_\alpha > \sigma_\beta$，则 r 在竖直方向最大有效值为 $3\sigma_\beta$，在水平方向最大有效值为 $3\sigma_\alpha$，而 3D 空间中标准差 σ 可表示为

$$\sigma = \sqrt{\frac{\sigma_\alpha^2 \sigma_\beta^2}{\sigma_\beta^2 \cos^2\beta + \sigma_\alpha^2 \sin^2\beta}} \tag{5.2}$$

令 $\sigma_\alpha = 400\,\text{m}$ 且 $\sigma_\beta = 5\,\text{m}$，则高斯分布标准差 σ 的变化如图 5.2 所示。由式 (5.2) 和图 5.2 可知，高斯标准差 σ 的变化取决于俯仰角 β，其取值范围为 $[\sigma_\beta, \sigma_\alpha]$。

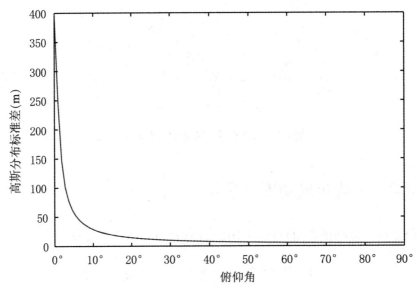

图 5.2　高斯空间分布标准差

通过雅可比(Jacobian)式,可将公式(5.1)的笛卡儿直角坐标系转换为球坐标系[137],即

$$P_G(r,\alpha,\beta)=\frac{f_G(x,y,z)}{|J(x,y,z)|}\bigg|_{\substack{x=r\cos\beta\cos\alpha\\y=r\cos\beta\sin\alpha\\z=r\sin\beta}}=f_G(x,y,z)r^2\cos\beta$$

$$=\frac{A_0 r^2}{\sqrt{2\pi}\,\sigma}\exp\left(-\frac{r^2}{2\sigma^2}\right)\cos\beta \tag{5.3}$$

公式(5.3)为(r,α,β)的联合分布,若对r进行积分,则可得(α,β)的联合分布,即干扰角度功率谱密度(APD):

$$P_G(\alpha,\beta)=\int_0^\infty p_G(r,\alpha,\beta)\mathrm{d}r=\int_0^\infty \frac{A_0 r^2}{\sqrt{2\pi}\,\sigma}\exp\left(-\frac{r^2}{2\sigma^2}\right)\cos\beta\,\mathrm{d}r$$

$$=\frac{A_0\cos\beta}{\sqrt{2\pi}\,\sigma}\int_0^\infty r^2\exp\left(-\frac{r^2}{2\sigma^2}\right)\mathrm{d}r \tag{5.4}$$

因为

$$\int x^2\exp(-ax^2)\mathrm{d}x=-\frac{x}{2a}\exp(-ax^2)+\frac{\sqrt{a\pi}}{4a^2}\mathrm{erf}(\sqrt{a}\,x) \tag{5.5}$$

其中,$\mathrm{erf}(\cdot)$为误差函数,即$\mathrm{erf}(x)=\frac{2}{\sqrt{\pi}}\int_0^x\exp(-t^2)\mathrm{d}t$。在公式(5.4)中,令$x=r$且$a=1/(2\sigma^2)$,利用式(5.5)的结论,则干扰APD的闭合表达式为

$$P_G(\alpha,\beta) = \frac{A_0 \cos\beta}{\sqrt{2\pi}\,\sigma}\left[-\sigma^2 r\exp\left(-\frac{r^2}{2\sigma^2}\right) + \frac{\sqrt{2\pi}\,\sigma^3}{2}\mathrm{erf}\left(\frac{\sqrt{2}}{2\sigma}r\right)\right]\Big|_0^\infty$$

$$= \frac{A_0 \cos\beta}{2\sqrt{2\pi}}\left[-2\sigma r\exp\left(-\frac{r^2}{2\sigma^2}\right) + \sqrt{2\pi}\,\sigma^2\mathrm{erf}\left(\frac{\sqrt{2}}{2\sigma}r\right)\right]\Big|_0^\infty$$

$$= \frac{A_0 \cos\beta}{2\sqrt{2\pi}}\sqrt{2\pi}\,\sigma^2 = \frac{A_0 \sigma^2 \cos\beta}{2} = \frac{A_0 \sigma_\alpha^2 \sigma_\beta^2 \cos\beta}{2\sigma_\beta^2 \cos^2\beta + 2\sigma_\alpha^2 \sin^2\beta} \quad (5.6)$$

那么，干扰的俯仰角边缘 APD 为

$$P_G(\beta) = \int_0^{2\pi} \frac{A_0 \sigma_\alpha^2 \sigma_\beta^2 \cos\beta}{2\sigma_\beta^2 \cos^2\beta + 2\sigma_\alpha^2 \sin^2\beta}\mathrm{d}\alpha = \frac{A_0 \pi \sigma_\alpha^2 \sigma_\beta^2 \cos\beta}{\sigma_\beta^2 \cos^2\beta + \sigma_\alpha^2 \sin^2\beta} \quad (5.7)$$

干扰的方位角边缘 APD 分别为

$$P_G(\alpha) = \int_0^{\frac{\pi}{2}} \frac{A_0 \sigma_\alpha^2 \sigma_\beta^2 \cos\beta}{2\sigma_\beta^2 \cos^2\beta + 2\sigma_\alpha^2 \sin^2\beta}\mathrm{d}\beta = \frac{1}{2\pi}\int_0^{\frac{\pi}{2}} P_G(\beta)\mathrm{d}\beta = \frac{1}{2\pi} \quad (5.8)$$

由式(5.6)~式(5.8)可知，干扰功率在水平方向和竖直方向的分布是相互独立的，即 $P_G(\alpha,\beta) = P_G(\alpha) P_G(\beta)$。

又因为干扰的俯仰角边缘 APD 积分为 1，即

$$\int_0^{\frac{\pi}{2}} P_G(\beta)\mathrm{d}\beta = \int_0^{\frac{\pi}{2}} \frac{A_0 \pi \sigma_\alpha^2 \sigma_\beta^2 \cos\beta}{\sigma_\beta^2 \cos^2\beta + \sigma_\alpha^2 \sin^2\beta}\mathrm{d}\beta \quad (5.9)$$

$$= A_0 \pi \int_0^{\frac{\pi}{2}} \frac{\sigma_\alpha^2 \sigma_\beta^2 \cos\beta}{\sigma_\beta^2 \cos^2\beta + \sigma_\alpha^2 \sin^2\beta}\mathrm{d}\beta$$

$$= \frac{A_0 \pi \sigma_\alpha^2 \sigma_\beta \left[(\sigma_\alpha - A_3) A_2 \arctan\left(\frac{\sigma_\beta}{A_1}\right) - (\sigma_\alpha + A_3) A_1 \arctan\left(\frac{\sigma_\beta}{A_2}\right)\right]}{A_1 A_2 A_3}$$

$$= 1$$

其中，$A_1 = \sqrt{-\sigma_\beta^2 + 2\sigma_\alpha\left(\sigma_\alpha - \sqrt{\sigma_\alpha^2 - \sigma_\beta^2}\right)}$，$A_2 = \sqrt{-\sigma_\beta^2 + 2\sigma_\alpha\left(\sigma_\alpha + \sqrt{\sigma_\alpha^2 - \sigma_\beta^2}\right)}$，$A_3 = \sqrt{\sigma_\alpha^2 - \sigma_\beta^2}$，所以 A_0 的表达式为

$$A_0 = \frac{A_1 A_2 A_3}{\pi \sigma_\alpha^2 \sigma_\beta \left[(\sigma_\alpha - A_3) A_2 \arctan\left(\frac{\sigma_\beta}{A_1}\right) - (\sigma_\alpha + A_3) A_1 \arctan\left(\frac{\sigma_\beta}{A_2}\right)\right]} \quad (5.10)$$

5.3　干扰非规范复球谐系数与成型因子

本节根据公式(5.6)表示的干扰APD,先推导非规范复球谐系数的闭合表达式,然后求解干扰成型因子的闭合表达式。

5.3.1　干扰非规范复球谐系数

根据文献[131]对 $P_G(\alpha,\beta)$ 的 l 次 m 阶非规范复球谐系数 S_l^m 的定义,S_0^0, S_1^0, $S_1^1, S_2^0, S_2^1, S_2^2$ 可分别计算为

$$
\begin{aligned}
S_0^0 &= \int_0^{2\pi}\int_0^{\frac{\pi}{2}} P_G(\alpha,\beta)\cos\beta \mathrm{d}\beta \mathrm{d}\alpha \\
&= \int_0^{2\pi}\int_0^{\frac{\pi}{2}} \frac{A_0 \sigma_\alpha^2 \sigma_\beta^2 \cos\beta}{2\sigma_\beta^2 \cos^2\beta + 2\sigma_\alpha^2 \sin^2\beta} \cos\beta \mathrm{d}\beta \mathrm{d}\alpha \\
&= A_0 \pi \sigma_\alpha^2 \sigma_\beta^2 \int_0^{\frac{\pi}{2}} \frac{\cos^2\beta}{\sigma_\beta^2 \cos^2\beta + \sigma_\alpha^2 \sin^2\beta} \mathrm{d}\beta \\
&= A_0 \pi \sigma_\alpha^2 \sigma_\beta^2 \left[\frac{\sigma_\beta \beta - \sigma_\alpha \arctan\left(\frac{\sigma_\alpha \tan\beta}{\sigma_\beta}\right)}{\sigma_\beta^3 - \sigma_\alpha^2 \sigma_\beta} \right]_0^{\frac{\pi}{2}} \\
&= A_0 \pi \sigma_\alpha^2 \sigma_\beta^2 \frac{\frac{\pi}{2}\sigma_\beta - \sigma_\alpha \frac{\pi}{2} + 0}{\sigma_\beta^3 - \sigma_\alpha^2 \sigma_\beta} \\
&= \frac{A_0 \pi^2 \sigma_\alpha^2 \sigma_\beta}{2(\sigma_\beta + \sigma_\alpha)}
\end{aligned}
\tag{5.11}
$$

$$S_1^0 = \int_0^{2\pi}\int_0^{\frac{\pi}{2}} p_G(\alpha,\beta)\sin\beta\cos\beta\mathrm{d}\beta\mathrm{d}\alpha$$

$$= \int_0^{2\pi}\int_0^{\frac{\pi}{2}} \frac{A_0\sigma_\alpha^2\sigma_\beta^2\cos\beta}{2\sigma_\beta^2\cos^2\beta + 2\sigma_\alpha^2\sin^2\beta}\sin\beta\cos\beta\mathrm{d}\beta\mathrm{d}\alpha$$

$$= A_0\pi\sigma_\alpha^2\sigma_\beta^2\int_0^{\frac{\pi}{2}}\frac{\cos^2\beta\sin\beta}{\sigma_\beta^2\cos^2\beta + \sigma_\alpha^2\sin^2\beta}\mathrm{d}\beta$$

$$= A_0\pi\sigma_\alpha^2\sigma_\beta^2 \frac{\left[-\sqrt{\sigma_\beta^2-\sigma_\alpha^2}\cos\beta - \sigma_\alpha\arctan\left[\dfrac{2\sigma_\alpha^2 + \sigma_\beta^2\left(\tan^2\dfrac{\beta}{2}-1\right)}{2\sigma_\alpha\sqrt{\sigma_\beta^2-\sigma_\alpha^2}}\right]\right]_0^{\frac{\pi}{2}}}{\left(\sigma_\beta^2-\sigma_\alpha^2\right)^{\frac{3}{2}}}$$

$$= \frac{A_0\pi\sigma_\alpha^2\sigma_\beta^2\left\{\sqrt{\sigma_\beta^2-\sigma_\alpha^2} + \sigma_\alpha\arctan\left[\dfrac{2\sigma_\alpha^2-\sigma_\beta^2}{2\sigma_\alpha\sqrt{\sigma_\beta^2-\sigma_\alpha^2}}\right] - \sigma_\alpha\arctan\left[\dfrac{\sigma_\alpha}{\sqrt{\sigma_\beta^2-\sigma_\alpha^2}}\right]\right\}}{\left(\sigma_\beta^2-\sigma_\alpha^2\right)^{\frac{3}{2}}} \quad (5.12)$$

$$S_1^1 = \int_0^{2\pi}\int_0^{\frac{\pi}{2}} P_G(\alpha,\beta)\cos^2\beta\exp(j\alpha)\mathrm{d}\beta\mathrm{d}\alpha$$

$$= \int_0^{2\pi}\exp(j\alpha)\mathrm{d}\alpha\int_0^{\frac{\pi}{2}} P_G(\alpha,\beta)\cos^2\beta\mathrm{d}\beta$$

$$= 0\times\int_0^{\frac{\pi}{2}} P_G(\alpha,\beta)\cos^2\beta\mathrm{d}\beta$$

$$= 0 \quad (5.13)$$

$$S_2^0 = \int_0^{2\pi}\int_0^{\frac{\pi}{2}} P_G(\alpha,\beta)\left(\sin^2\beta - \frac{1}{3}\right)\cos\beta \mathrm{d}\beta\mathrm{d}\alpha$$

$$= \int_0^{2\pi}\int_0^{\frac{\pi}{2}} \frac{A_0 \sigma_\alpha^2 \sigma_\beta^2 \cos\beta}{2\sigma_\beta^2 \cos^2\beta + 2\sigma_\alpha^2 \sin^2\beta}\left(\sin^2\beta - \frac{1}{3}\right)\cos\beta \mathrm{d}\beta\mathrm{d}\alpha$$

$$= A_0 \pi \sigma_\alpha^2 \sigma_\beta^2 \left\{\int_0^{\frac{\pi}{2}} \frac{\cos^2\beta \sin^2\beta}{\sigma_\beta^2 \cos^2\beta + \sigma_\alpha^2 \sin^2\beta}\mathrm{d}\beta - \frac{1}{3}\int_0^{\frac{\pi}{2}} \frac{\cos^2\beta}{\sigma_\beta^2 \cos^2\beta + \sigma_\alpha^2 \sin^2\beta}\mathrm{d}\beta\right\}$$

$$= A_0 \pi \sigma_\alpha^2 \sigma_\beta^2 \left\{\left[\frac{2(\sigma_\alpha^2 + \sigma_\beta^2)\beta - 4\sigma_\alpha \sigma_\beta \arctan\left(\frac{\sigma_\alpha \tan\beta}{\sigma_\beta}\right) + (\sigma_\alpha^2 - \sigma_\beta^2)\sin 2\beta}{4(\sigma_\alpha^2 - \sigma_\beta^2)^2}\right]_0^{\frac{\pi}{2}}\right.$$

$$\left. - \frac{1}{3}\frac{\pi}{2\sigma_\beta(\sigma_\beta + \sigma_\alpha)}\right\}$$

$$= A_0 \pi \sigma_\alpha^2 \sigma_\beta^2 \left\{\left[\frac{2(\sigma_\alpha^2 + \sigma_\beta^2)\frac{\pi}{2} - 4\sigma_\alpha \sigma_\beta \frac{\pi}{2}}{4(\sigma_\alpha^2 - \sigma_\beta^2)^2}\right] - \frac{1}{3}\frac{\pi}{2\sigma_\beta(\sigma_\beta + \sigma_\alpha)}\right\}$$

$$= \frac{A_0 \pi^2 \sigma_\alpha^2 \sigma_\beta(\sigma_\beta - 2\sigma_\alpha)}{12(\sigma_\beta + \sigma_\alpha)^2} \tag{5.14}$$

$$S_2^1 = \int_0^{2\pi}\int_0^{\frac{\pi}{2}} P_G(\alpha,\beta)\cos^2\beta \sin\beta \exp(j\alpha)\mathrm{d}\beta\mathrm{d}\alpha$$

$$= \int_0^{2\pi}\exp(j\alpha)\mathrm{d}\alpha \int_0^{\frac{\pi}{2}} P_G(\alpha,\beta)\cos^2\beta \sin\beta \mathrm{d}\beta = 0 \tag{5.15}$$

$$S_2^2 = \int_0^{2\pi}\int_0^{\frac{\pi}{2}} P_G(\alpha,\beta)\cos^3\beta \exp(j2\alpha)\mathrm{d}\beta\mathrm{d}\alpha$$

$$= \int_0^{2\pi}\exp(j2\alpha)\mathrm{d}\alpha \int_0^{\frac{\pi}{2}} P_G(\alpha,\beta)\cos^3\beta \mathrm{d}\beta = 0 \tag{5.16}$$

5.3.2 三维干扰成型因子

根据公式(5.11)~公式(5.16),3D干扰成型因子(角扩展Λ、俯仰角收缩ξ、45°倾斜角收缩χ、方位角收缩γ、45°俯仰角下最大衰落方位角方向$\alpha_{\beta_{45}}^{\max}$、0°俯仰角下最大衰落方位角方向$\alpha_{\beta_0}^{\max}$)可分别计算为

$$\Lambda = \sqrt{1 - \frac{(S_1^0)^2 + |S_1^1|^2}{(S_0^0)^2}} = \sqrt{1 - \frac{(S_1^0)^2}{(S_0^0)^2}} \qquad (5.17)$$

$$\xi = \frac{\frac{3}{2}S_2^0 S_0^0 - (S_1^0)^2 + \frac{1}{2}|S_1^1|^2}{(S_0^0)^2 - (S_1^0)^2 - |S_1^1|^2} = \frac{\frac{3 S_2^0 S_0^0}{2} - (S_1^0)^2}{(S_0^0)^2 - (S_1^0)^2} \qquad (5.18)$$

$$\chi = \frac{2|S_2^0 S_0^0 - S_1^0 S_1^1|}{(S_0^0)^2 - (S_1^0)^2 - |S_1^1|^2} = 0 \qquad (5.19)$$

$$\gamma = \frac{|S_2^2 S_0^0 - (S_1^1)^2|}{(S_0^0)^2 - (S_1^0)^2 - |S_1^1|^2} = 0 \qquad (5.20)$$

$$\alpha_{\beta_{45}}^{\max} = \arg\{S_2^1 S_0^0 - S_1^0 S_1^1\} = \arg\{0\} \qquad (5.21)$$

$$\alpha_{\beta_0}^{\max} = \frac{1}{2}\arg\{S_2^2 S_0^0 - (S_1^1)^2\} = \frac{1}{2}\arg\{0\} \qquad (5.22)$$

其中,$\Lambda \in [0,1]$表征接收干扰功率集中在一个到达角方向的程度,0代表只有一个方向的干扰,而1代表接收干扰功率的角度没有明显的差异;$\xi \in [-0.5,1]$表征干扰APD在一个俯仰角方向或在同一方位角而相反俯仰角方向的集中程度,-0.5代表干扰APD集中在一个俯仰角方向,1代表两径干扰APD来自于相反的俯仰角方向;$\chi = 0$代表一个水平或垂直镜面对称干扰APD;$\gamma = 0$代表两径干扰APD在方位角方向上没有明显差异;式(5.21)和式(5.22)表明$\alpha_{\beta_{45}}^{\max}$和$\alpha_{\beta_0}^{\max}$不存在。

5.4 干扰空间统计特性

本节根据3D干扰成型因子,推导衰落率方差、电平通过率、平均衰落周期、空间相关函数和相干距离等干扰空间统计特性的闭合表达式。

5.4.1 干扰衰落率方差

由于平稳过程的导数均值为0,因此均方导数即为度量干扰衰落速率的最简单统计量,而平稳过程的均方导数为变化率的方差,即衰落率方差,其可表示为

$$\sigma_I^2(\alpha,\beta) = \frac{4\pi^2 \Lambda^2 P_I}{3\lambda^2}\left\{1 + \frac{3}{2}\left[\begin{array}{l}\xi\left(2\sin^2\beta - \frac{2}{3}\right) + \chi\sin 2\beta\cos\left(\alpha - \alpha_{\beta_{45}}^{\max}\right)\\ + \gamma\cos^2\beta\cos 2\left(\alpha - \alpha_{\beta_0}^{\max}\right)\end{array}\right]\right\}$$

$$= \frac{4\pi^2\Lambda^2 P_I\left[1 + \xi(3\sin^2\beta - 1)\right]}{3\lambda^2} \tag{5.23}$$

其中,P_I 为平均接收干扰功率,λ 为载波波长。由式(5.23)可知,$\sigma_I^2(\alpha,\beta)$ 的最大值和最小值分别为

$$\sigma_{I,\max}^2 = \max\left\{\frac{4\pi^2\Lambda^2 P_I[1 + \xi(3\sin^2\beta - 1)]}{3\lambda^2}\right\} = \frac{4\pi^2\Lambda^2 P_I(1 + 2\xi)}{3\lambda^2} \quad \left(\beta = \frac{\pi}{2}\right) \tag{5.24}$$

$$\sigma_{I,\min}^2 = \min\left\{\frac{4\pi^2\Lambda^2 P_I[1 + \xi(3\sin^2\beta - 1)]}{3\lambda^2}\right\} = \frac{4\pi^2\Lambda^2 P_I(1 - \xi)}{3\lambda^2} \quad (\beta = 0) \tag{5.25}$$

对于 V2V 通信场景的移动接收端,更为实用的衡量干扰衰落率方差的方法是以单位时间变化,即均方时间变化率代替距离,其等于 $\sigma_I^2(\alpha,\beta)$ 乘以接收端运动速度的平方 v_R^2。

5.4.2 干扰电平通过率与平均衰落周期

由文献[101]可知,2D Nakagami-m 分布的干扰电平通过率(LCR)为

$$N_I(\rho_N,\alpha) = \frac{\sigma_I(\alpha)}{\sqrt{\pi P_I}}\frac{m^{m-1/2}}{\Gamma(m)}\rho_N^{2m-1}\exp(-m\rho_N^2) \tag{5.26}$$

其中,$\rho_N = R/\sqrt{P_I}$ 为标准化干扰阈值,R 为实际包络阈值,$\sigma_I(\alpha)$ 为 2D 衰落率方差的均方根,m 为 Nakagami-m 分布的形状因子。LCR 表达式参数中只有衰落率方差与空间维度有关,因此 3D Nakagami-m 分布的干扰 LCR 可以表示为

$$N_I(\rho_N,\alpha,\beta) = \frac{\sigma_I(\alpha,\beta)}{\sqrt{\pi P_I}}\frac{m^{m-1/2}}{\Gamma(m)}\rho_N^{2m-1}\exp(-m\rho_N^2)$$

$$= \frac{2\Lambda\rho_N^{2m-1}\sqrt{3\pi[1 + \xi(3\sin^2\beta - 1)]}}{3\lambda}\exp(-m\rho_N^2) \tag{5.27}$$

那么,根据定义,干扰的平均衰落周期可以表示为

$$\bar{l}_I(\rho_N,\alpha,\beta) = \frac{1}{N_I(\rho_N,\alpha,\beta)} \int_0^R P_m(r) \mathrm{d}r = \frac{1}{N_I(\rho_N,\alpha,\beta)} \frac{\Gamma(m, m\rho_N^2)}{\Gamma(m)}$$

$$= \frac{\sqrt{3\pi}\, \Gamma(m, m\rho_N^2)\lambda}{2\pi\Lambda\rho_N^{2m-1}\Gamma(m)\sqrt{1+\xi(3\sin^2\beta - 1)}\exp(-m\rho_N^2)} \tag{5.28}$$

其中,$P_m(r)$ 为 Nakagami-m 分布的概率密度函数。

5.4.3 干扰空间相关函数与相干距离

干扰包络空间自相关函数(S-CF)可定义为

$$R_I(r_c,\alpha,\beta) = \frac{E[r(p_0)r(p_0+r_c\boldsymbol{p})] - [E(r)]^2}{E(r^2) - [E(r)]^2} \tag{5.29}$$

其中,p_0 为任意初始位置,$\boldsymbol{p}$ 为单位方向向量,r_c 为空间距离。与 3D 莱斯信道 S-CF 推导方法类似,式(5.29)可由麦克劳林级数表示,即

$$R_I(r_c,\alpha,\beta) = 1 + \frac{\sum_{n=1}^{\infty}\frac{(-1)^n r_c^{2n}}{(2n)!} E\left[\left(\frac{\mathrm{d}^n r}{\mathrm{d}r_c^n}\right)^2\right]}{E(r^2) - [E(r)]^2}$$

$$= 1 - \frac{E\left[\left(\frac{\mathrm{d}r}{\mathrm{d}r_c}\right)^2\right]}{2\{E(r^2) - [E(r)]^2\}} r_c^2 + \cdots$$

$$= 1 - \frac{\sigma_I^2(\alpha,\beta)}{2V_m(r)} r_c^2 + \cdots \tag{5.30}$$

其中,$V_m(r)$ 为 Nakagami-m 分布的方差。同时,S-CF 也可以近似为指数函数及其麦克劳林展开式,即

$$R_I(r_c,\alpha,\beta) \approx \exp\left[-a\left(\frac{r_c}{\lambda}\right)^2\right] \approx 1 - a\left(\frac{r_c}{\lambda}\right)^2 + \cdots \tag{5.31}$$

同样,令式(5.30)等于式(5.31),可得干扰 S-CF:

$$R_1(r_c,\alpha,\beta) \approx \exp\left[-\frac{\sigma_I^2(\alpha,\beta)}{2V_m(r)}r_c^2\right]$$

$$= \exp\left\{-\frac{m\Gamma^2(m)\sigma_I^2(\alpha,\beta)}{2P_I\left[m\Gamma^2(m)-\Gamma^2\left(m+\frac{1}{2}\right)\right]}r_c^2\right\}$$

$$= \exp\left\{-\frac{2\pi^2\Lambda^2 m\Gamma^2(m)\left[1+\xi(3\sin^2\beta-1)\right]}{3\lambda^2\left[m\Gamma^2(m)-\Gamma^2\left(m+\frac{1}{2}\right)\right]}r_c^2\right\} \tag{5.32}$$

同样,定义相关函数为 $\exp(-1)$ 时的 r_c 为相关距离 D_I,则

$$D_I = \frac{\lambda\sqrt{6m}}{2m\pi\Lambda\Gamma(m)}\sqrt{\frac{m\Gamma^2(m)-\Gamma^2\left(m+\frac{1}{2}\right)}{1+\xi(3\sin^2\beta-1)}} \tag{5.33}$$

5.5 信干比空间统计特性

本节结合第 3 章"车车通信三维角度域信道模型与特性"中 3D 莱斯信道的有用信号空间统计特性和本章 3D Nakagami-m 分布的干扰信号空间统计特性,推导信干比的概率密度函数(PDF)和 S-CF 的闭合表达式。

5.5.1 信干比包络分布

有用信号 r_S 服从莱斯分布,平均功率表示为 P_S;干扰信号 r_I 服从 Nakagami-m 分布,平均功率表示为 P_I,则信干比为

$$\eta = \frac{r_S^2}{r_I^2} \tag{5.34}$$

由文献[120]和文献[138]可知,Nakagami-m 分布变量的平方服从伽马(Gamma)分布 $G(a_1,b_1)$,即

$$f(x;a_1,b_1) = \frac{b_1(b_1 x)^{b_1-1}\exp(-b_1 x)}{\Gamma(a_1)} \tag{5.35}$$

其中，$a_1=m$，$b_1=m/P_1$，Gamma 分布的均值为 a_1/b_1，方差为 a_1/b_1^2。

由前可知，当 $m=(K+1)^2/(2K+1)$ 或 $K=\sqrt{m^2-m}/(m-\sqrt{m^2-m})$ 时，莱斯分布可近似为 Nakagami-m 分布，莱斯分布变量的平方也近似服从 Gamma 分布 $G(a_2,b_2)$，其中

$$a_2=m=\frac{(K+1)^2}{(2K+1)}$$

$$b_2=\frac{m}{P_s}=\frac{(K+1)^2}{[P_s(2K+1)]}$$

该 Gamma 分布的均值为 a_2/b_2，方差为 a_2/b_2^2。

两个 Gamma 分布的比值 $G(a_1,b_1)/G(a_2,b_2)$ 是服从复合 Gamma 分布[139] $\beta'(a_1,a_2,1,b_2/b_1)$ 的，而 β' 为一般贝塔(Beta)基本分布的特例，它的表达式为

$$f(x;a_3,b_3,1,c_3)=\beta'(a_3,b_3,1,c_3)=\frac{c_3^{b_3}x^{a_3-1}}{B(a_3,b_3)(c_3+x)^{a_3+b_3}} \quad (5.36)$$

其中，$B(x,y)=\int_0^1 t^{x-1}(1-t)^{y-1}dt$ 为 Beta 函数，所以信干比 η 的 PDF 为

$$P(\eta)=\frac{\left(\frac{b_2}{b_1}\right)^{a_2}\eta^{a_1-1}}{B(a_1,a_2)\left(\frac{b_2}{b_1}+\eta\right)^{a_1+a_2}}$$

$$=\frac{b_1^{a_1}b_2^{a_2}\eta^{a_1-1}}{B(a_1,a_2)(b_2+b_1\eta)^{a_1+a_2}}$$

$$\left(a_1=m;\ b_1=\frac{m}{P_I};\ a_2=\frac{(K+1)^2}{(2K+1)};\ b_2=\frac{(K+1)^2}{[P_s(2K+1)]}\right) \quad (5.37)$$

信干比 η 的 k 阶距、均值和方差[139]分别为

$$E[\eta^k]=\frac{b_2^k B(a_2-k,a_1+k)}{b_1^k B(a_1,a_2)} \quad (a_2>k) \quad (5.38)$$

$$E[\eta]=\frac{a_1 b_2}{b_1(a_2-1)} \quad (a_2>1) \quad (5.39)$$

$$\mathrm{Var}[\eta]=\frac{a_1 b_2^2(a_1+a_2-1)}{b_1^2(a_2-1)^2(a_2-2)} \quad (a_2>2) \quad (5.40)$$

5.5.2 信干比空间相关函数

与干扰类似,信干比 η 的 S-CF 可定义为

$$R(\eta_c,\alpha,\beta)=\frac{E[\eta(p_0)\eta(p_0+\eta_c\boldsymbol{p})]-[E(\eta)]^2}{E(\eta^2)-[E(\eta)]^2} \tag{5.41}$$

其中,p_0 为任意初始位置,$\boldsymbol{p}$ 为单位方向向量,η_c 为空间距离。

1. $E(\eta^2)-[E(\eta)]^2$ 和 $[E(\eta)]^2$ 的计算

由公式(5.38)~公式(5.40)可得,

$$E(\eta^2)-[E(\eta)]^2=\mathrm{Var}[\eta]=\frac{a_1 b_2^2(a_1+a_2-1)}{b_1^2(a_2-1)^2(a_2-2)} \quad (a_2>2) \tag{5.42}$$

$$[E(\eta)]^2=\frac{a_1^2 b_2^2}{b_1^2(a_2-1)^2} \quad (a_2>1) \tag{5.43}$$

2. $E[\eta(p_0)\eta(p_0+\eta_c\boldsymbol{p})]$ 的计算

为便于计算,令 $\Phi_\eta(\eta_c)=\eta(p_0)\eta(p_0+\eta_c\boldsymbol{p})$,$\Phi_S(\eta_c)=r_S(p_0)r_S(p_0+\eta_c\boldsymbol{p})$ 和 $\Phi_I(\eta_c)=r_I(p_0)r_I(p_0+\eta_c\boldsymbol{p})$,则

$$\begin{aligned}E[\Phi_\eta(\eta_c)]&=E[\eta(p_0)\eta(p_0+\eta_c\boldsymbol{p})]\\&=E\left[\frac{r_S^2(p_0)}{r_I^2(p_0)}\frac{r_S^2(p_0+\eta_c\boldsymbol{p})}{r_I^2(p_0+\eta_c\boldsymbol{p})}\right]\\&=E\left[\frac{\Phi_S^2(\eta_c)}{\Phi_I^2(\eta_c)}\right]\end{aligned} \tag{5.44}$$

由文献[135]可知,公式(5.44)可以近似为

$$E[\Phi_\eta(\eta_c)] = E\left[\frac{\Phi_S^2(\eta_c)}{\Phi_I^2(\eta_c)}\right]$$

$$\approx \frac{E^2[\Phi_S(\eta_c)]}{E^2[\Phi_I(\eta_c)]} + \frac{1}{2}\left[\frac{\partial^2 \Phi_\eta(\eta_c)}{\partial \Phi_S^2(\eta_c)}\sigma^2_{\Phi_S(\eta_c)} + \frac{\partial^2 \Phi_\eta(\eta_c)}{\partial \Phi_I^2(\eta_c)}\sigma^2_{\Phi_I(\eta_c)}\right]$$

$$= \frac{E^2[\Phi_S(\eta_c)]}{E^2[\Phi_I(\eta_c)]} + \frac{1}{2}\left\{\frac{2}{E^2[\Phi_I(\eta_c)]}\sigma^2_{\Phi_S(\eta_c)} + \frac{6E^2[\Phi_S(\eta_c)]}{E^4[\Phi_I(\eta_c)]}\sigma^2_{\Phi_I(\eta_c)}\right\}$$

$$\approx \frac{E^2[\Phi_S(\eta_c)]}{E^2[\Phi_I(\eta_c)]} + \frac{1}{E^2[\Phi_I(\eta_c)]}\sigma^2_{\Phi_S(0)} + \frac{3E^2[\Phi_S(\eta_c)]}{E^4[\Phi_I(\eta_c)]}\sigma^2_{\Phi_I(0)} \quad (5.45)$$

其中,$\sigma^2_{\Phi_S(\eta_c)}$和$\sigma^2_{\Phi_I(\eta_c)}$分别为$\Phi_S(\eta_c)$和$\Phi_I(\eta_c)$的方差,而$\Phi_S(0)$和$\Phi_I(0)$服从Gamma分布,所以

$$\sigma^2_{\Phi_S(0)} = E[\Phi_S^2(0)] - E^2[\Phi_S(0)] = \frac{a_2}{b_2^2} \quad (5.46)$$

$$\sigma^2_{\Phi_I(0)} = E[\Phi_I^2(0)] - E^2[\Phi_I(0)] = \frac{a_1}{b_1^2} \quad (5.47)$$

由公式(5.29)可得

$$E[\Phi_I(\eta_c)] = E[r_I(p_0)r_I(p_0 + \eta_c \boldsymbol{p})]$$
$$= R_I(\eta_c, \alpha, \beta)\{E(r_I^2) - [E(r_I)]^2\} + [E(r_I)]^2 \quad (5.48)$$
$$= R_I(\eta_c, \alpha, \beta)V_m + E_m^2$$

其中,V_m和E_m为Nakagami-m分布的方差和均值。同理,令$R_S(\eta_c, \alpha, \beta)$表示有用信号S-CF,其表达式如式(5.44)所示,则

$$E[\Phi_S(\eta_c)] = E[r_S(p_0)r_S(p_0 + \eta_c \boldsymbol{p})]$$
$$= R_S(\eta_c, \alpha, \beta)\{E(r_S^2) - [E(r_S)]^2\} + [E(r_S)]^2 \quad (5.49)$$
$$= R_S(\eta_c, \alpha, \beta)V_{Ric} + E_{Ric}^2$$

其中,V_{Ric}和E_{Ric}为莱斯分布的方差和均值。

将式(5.46)~式(5.49)代入到式(5.45),则

$$\begin{aligned}
E[\Phi_\eta(\eta_c)] &= E[\eta(p_0)\eta(p_0+\eta_c\boldsymbol{p})] \\
&\approx \frac{[R_S(\eta_c,\alpha,\beta)V_{Ric}+E_{Ric}^2]^2}{[R_I(\eta_c,\alpha,\beta)V_m+E_m^2]^2} \\
&\quad + \frac{a_2}{b_2^2[R_I(\eta_c,\alpha,\beta)V_m+E_m^2]^2} \\
&\quad + \frac{3a_1[R_S(\eta_c,\alpha,\beta)V_{Ric}+E_{Ric}^2]^2}{b_1^2[R_I(\eta_c,\alpha,\beta)V_m+E_m^2]^4} \\
&= \frac{b_2^2[R_S(\eta_c,\alpha,\beta)V_{Ric}+E_{Ric}^2]^2+a_2}{b_2^2[R_I(\eta_c,\alpha,\beta)V_m+E_m^2]^2} \\
&\quad + \frac{3a_1[R_S(\eta_c,\alpha,\beta)V_{Ric}+E_{Ric}^2]^2}{b_1^2[R_I(\eta_c,\alpha,\beta)V_m+E_m^2]^4}
\end{aligned} \quad (5.50)$$

将公式(5.42)、公式(5.43)和代入式(5.41),则可得信干比 η 的 S-CF

$$\begin{aligned}
R(\eta_c,\alpha,\beta) &= \frac{E[\eta(p_0)\eta(p_0+\eta_c\boldsymbol{p})]-[E(\eta)]^2}{E(\eta^2)-[E(\eta)]^2} = \frac{b_1^2(a_2-1)^2(a_2-2)}{a_1 b_2^2(a_1+a_2-1)} \\
&\quad \times \left\{ \frac{b_2^2[R_S(\eta_c,\alpha,\beta)V_{Ric}+E_{Ric}^2]^2+a_2}{b_2^2[R_I(\eta_c,\alpha,\beta)V_m+E_m^2]^2} \right. \\
&\quad \left. + \frac{3a_1[R_S(\eta_c,\alpha,\beta)V_{Ric}+E_{Ric}^2]^2}{b_1^2[R_I(\eta_c,\alpha,\beta)V_m+E_m^2]^4} - \frac{a_1^2 b_2^2}{b_1^2(a_2-1)^2} \right\}
\end{aligned} \quad (5.51)$$

其中,$a_1=m$,$b_1=m/P_I$,$a_2=(K+1)^2/(2K+1)$,$b_2=(K+1)^2/[P_S(2K+1)]$,且 $a_2>2$。

5.6 仿真分析

本节主要仿真和分析3D空间角度对干扰空间统计特性和信干比S-CF的影响,以及不同信道和干扰参数对信干比PDF的影响。由于V2V通信接收端的运动速度只影响衰落率方差的幅度,且标准化衰落率方差与接收端的运动速度无关,因此为便于分析,本节也假设接收端运动速度 $v_R=1\,\mathrm{m/s}$。若无特别说明,针对市区 V2V 通信场景,本节采用 5.915 GHz 作为载波频率,并假设 Nakagami-m 分布形状因子 $m=2$,干扰和有用信号平均功率 $P_I=P_s=1$,竖直方向高斯标准差 $\sigma_\beta=5\,\mathrm{m}$。

5.6.1 干扰角度功率谱密度

图 5.3 描述了不同水平方向高斯标准差 σ_α 和 3D 均匀干扰空间分布下,俯仰角对干扰 APD 的影响。在实际市区 V2V 通信中,有效干扰者的竖直高度有限,而水平距离可能较远,水平方向的干扰对干扰空间统计特性的影响也更大,因此图 5.3 只考虑了不同 σ_α 带来的影响。式(5.37)中,俯仰角的单位为弧度,为便于描述和理解,本章 5.6 节所有仿真中俯仰角的单位采用度,因此图 5.3 中干扰 APD 存在大于 1 的取值。若干扰来波功率在半球体中服从以接收端为中心的均匀分布[142],按 5.2.2 节方法,此时的干扰 APD 可计算为 $\cos\beta/(2\pi)$。由图 5.3 可知,σ_α 越大,干扰功率越集中于更小的俯仰角范围,然而当 $\sigma_\alpha\geqslant 400\,\mathrm{m}$ 时,各干扰 APD 曲线趋于重合,根据高斯分布的 3σ 原则,这说明由于较大的路损和遮挡,水平距离 $3\sigma_\alpha\geqslant 1\,200\,\mathrm{m}$ 之外的干扰影响已经很小;不同 σ_α 下,各干扰 APD 曲线随着仰角的增大而急剧降低,在仰角为 15°时,各干扰 APD 值分别为 0.072、0.037、0.018 和 0.014,即各曲线几乎降低到 0;3D 均匀干扰空间分布场景下,干扰 APD 曲线随着俯仰角增大而极为缓慢地降低,不能很好地表征实际通信中竖直方向有效干扰者少、影响小的规律。以上空间选择特性可为阵列天线和波束赋形技术的设计提供参考,使天线和波束避开主要干扰以提高 V2V 通信性能。

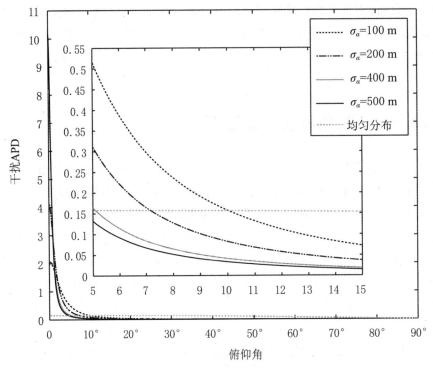

图5.3 干扰角度功率谱密度

5.6.2 干扰成型因子与衰落率方差

水平方向高斯标准差 σ_α 分别为 100 m,200 m,400 m,500 m 时,3D 成型因子角扩展 Δ 分别为 0.995 9,0.998 5,0.999 5,0.999 6,逐渐趋近于1,这说明随着 σ_α 增大,接收干扰功率的方位角方向逐渐没有明显的差异;俯仰角收缩 ξ 的取值分别为 $-0.476\ 3$,$-0.486\ 2$,$-0.492\ 4$,$-0.493\ 7$,逐渐趋近于 -0.5,这说明随着 σ_α 的增大,接收干扰 APD 逐渐集中于一个俯仰角方向,图5.3 也揭示了这一特性。图5.4 描述了不同 σ_α 下,俯仰角对均方根标准衰落率方差的影响。为便于与 2D 高斯干扰空间分布模型作对比,图5.4 采用了均方根标准衰落率方差,即"3D 衰落率方差/2D 衰落率方差"的均方根,2D 衰落率方差经推导可得 $\sigma_{L_{2D}}^2 = 2\pi^2 P_I/\lambda^2$。由图5.4 可知,随着 σ_α 的增大,在[0°,60°]俯仰角范围内,各均方根标准衰落率方差曲线几乎重合,而在[60°,90°]俯仰角范围内,各曲线有所区别,且 σ_α 越大,相同俯仰角下均方根标准衰落率方差越小,但 $\sigma_\alpha \geqslant 400$ m 时,均方根标准衰落率方差曲线基本趋于一致,如 $\sigma_\alpha = 400$ m 和 $\sigma_\alpha = 500$ m 时的均方根标准衰落率方差的平均相对偏差已减少至0.8%,这同样说明水平距离 $3\sigma_\alpha \geqslant 1\ 200$ m 之外的干扰影响已经很小;均方根标准衰落率方差都小于等于1,这说明接收干扰功率在3D空间假设下比2D空间假设下衰落速度更慢。在无线通信中,干扰越小且衰落速度越快,通信效果就越好。由图5.3和图5.4可知,在15°俯仰角附近,干扰APD几乎为0,而均方根标准衰落率方差也较大,因此15°俯仰角可作为合适的天线和波束指向。

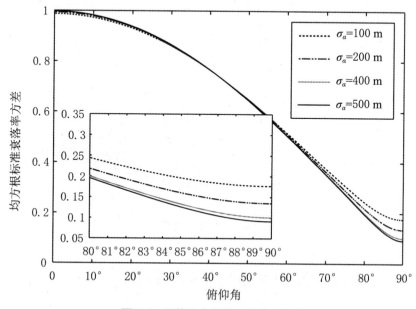

图5.4 干扰均方根标准衰落率方差

5.6.3 干扰电平通过率与平均衰落周期

图5.5描述了当水平方向高斯标准差$\sigma_a=400$ m时,不同标准化干扰阈值和俯仰角对干扰电平通过率(LCR)的影响。由图5.5可知,标准化干扰阈值对干扰LCR有决定性的影响,同时俯仰角也对干扰LCR有显著影响。随着标准化干扰阈值的增大,干扰LCR也迅速增大;随着俯仰角的增大,干扰LCR逐渐减小,当俯仰角接近90°时,干扰LCR几乎减小为0,说明趋近于竖直方向时,干扰衰减速度变慢,波动变小,图5.4也反映了这一干扰衰减特性。由公式(5.28)可知,在标准化干扰阈值相同时,干扰平均衰落周期(AFD)与干扰LCR成反比,因此干扰AFD随干扰标准化阈值和俯仰角的变化规律也可从图5.5获得。

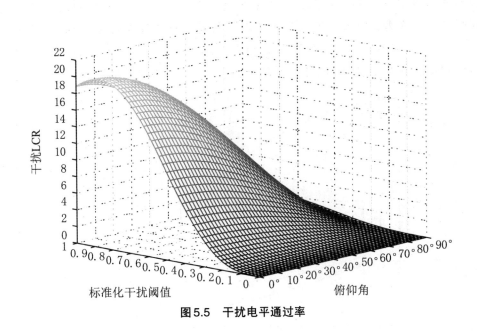

图 5.5　干扰电平通过率

5.6.4　干扰空间相关函数与相干距离

图 5.6 描述了当水平方向高斯标准差 $\sigma_a = 400$ m 时，不同空间间隔距离和俯仰角对 S-CF 的影响。由图 5.6 可知，间隔距离和俯仰角对 S-CF 都有决定性影响：在 $[0°,60°]$ 俯仰角范围内，间隔距离的影响占主导地位，且间隔距离 $r_c \geqslant 0.5\lambda$ 时，S-CF 趋近于 0；在 $[60°,90°]$ 俯仰角范围内，俯仰角的影响占主导地位，且俯仰角趋近于 90° 时，即使间隔距离 $r_c = \lambda$，S-CF 仍然较大。

图 5.7 描述了水平方向高斯标准差 $\sigma_a = 400$ m 时，不同俯仰角对相干距离的影响。同样，俯仰角对相干距离影响很大，尤其是俯仰角趋近于 90° 时，相干距离迅速增大。S-CF 和相干距离是度量信号空间选择特性的重要指标，可指导天线阵列阵元间隔的优化设计。由图 5.6 和图 5.7 可知，天线阵列阵元间隔设置应随仰角的变化而变化，即为减少干扰相关性的影响，低仰角时需较小的间隔距离，高仰角时需大的间隔距离。综合图 5.3～图 5.7 可知，仰角为 15° 时，干扰 APD 几乎降低到 0，均方根标准衰落率较大，S-CF 和相干距离也较小，因此 15° 仰角是合适的天线阵列和波束指向。

第5章 车车通信三维角度域干扰模型与特性

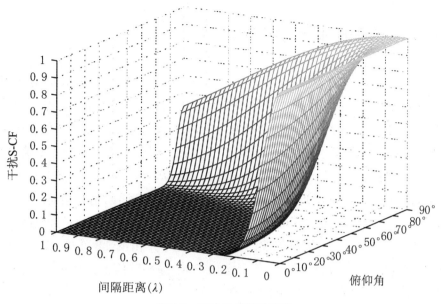

图 5.6 干扰空间相关函数

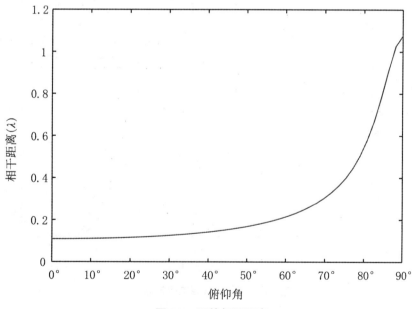

图 5.7 干扰相干距离

5.6.5 信干比概率密度函数

图5.8描述了水平方向高斯标准差$\sigma_a=400\,\text{m}$时,不同Nakagami-m分布形状因子m和莱斯因子K对信干比PDF的影响。由香农公式可知,信道容量主要取决于信干比,信干比是衡量信道质量的重要指标,大容量传输需要较高的信干比。因为本书主要研究有用信号、干扰信号和信干比的变化规律,不考虑具体幅值大小,所以干扰信号和有用信号的平均功率设置为$P_I=P_S=1$,因此图5.8中各信干比PDF曲线的峰值在0 dB附近,且峰值位置随m和K的不同而稍有移动。K越大,代表LoS路径部分占有用信号总功率的比值越大,多径信号整体波动和衰减更小;同样,m越大,接收端总干扰整体波动和衰减也更小。由图5.8可知,信干比PDF受m和K的直接影响,m或K越大,信干比PDF越"瘦高",信干比PDF峰值位置也越靠近0 dB,且m和K的这种影响具有叠加效应。

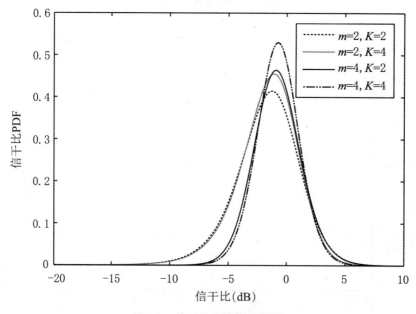

图5.8 信干比概率密度函数

5.6.6 信干比空间相关函数

图5.9描述了当水平方向高斯标准差$\sigma_a=400\,\text{m}$时,不同空间间隔距离和3D角度方向对信干比S-CF的影响。因为公式(5.51)中,要求

$$a_2 = \frac{(K+1)^2}{(2K+1)} > 2$$

因此本小节设置 $K=4$。另外,有用信号LoS路径的方位角和俯仰角分别设置为 $\alpha_0 = \pi/4$ 和 $\beta_0 = \pi/6$。如图5.9所示,间隔距离和俯仰角对信干比S-CF都有决定性影响,而方位角对信干比S-CF的影响较小:当间隔距离 $\eta_c < 0.1\lambda$ 时,信干比S-CF较小,基本不受3D角度方向的影响;随着间隔距离增大,信干比S-CF也增大,结合公式(5.51),这说明有用信号的S-CF比干扰信号的S-CF衰减得更慢;$[0°, 60°]$俯仰角内,信干比S-CF较大,而$[60°, 90°]$仰角内信干比S-CF较小,这说明有用信号和干扰信号的S-CF在不同仰角范围内的衰减速度也不同。图5.8和图5.9描述了3D角度域中,信干比空间统计特性的变化规律,可为大容量V2V传输技术的设计和性能评估提供理论支持。

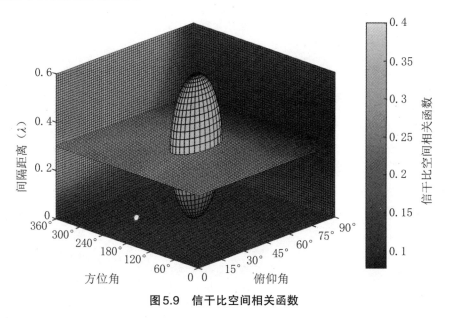

图5.9 信干比空间相关函数

本章小结

针对V2V通信的干扰环境,本章首先提出了一个3D高斯干扰空间分布模型,给出了干扰角度功率谱密度,基于3D成型因子理论,推导出了成型因子、衰落率方差、电平通过率、平均衰落周期、空间相关函数和相干距离等干扰空间统计特性的闭合表达式。干扰空间分布模型、干扰角度功率谱密度和干扰空间统计特性可表征 V2V 通信的同频干扰在不同 3D 角度方向上强度不同的特性。然后,结合前文中 3D 莱斯信道(有用信号)的多径角度功率谱密度模型和信道空间统计特性,推导了信干比的概率密度函数和空间相关函数的闭合表达式。最后,仿真分析了 3D 空间角度对干扰空间统计特性和信干比空间相关函数的影响以及不同有用信号的莱斯因子和干扰信号的 Nakagami-m 分布形状因子对信干比概率密度函数的影响。仿真分析表明,3D 空间角度对干扰空间统计特性和信干比空间相关函数都有显著影响,相关干扰和信干比的空间统计特性可为大容量 V2V 传输技术的设计和性能评估提供理论支持。

第6章 基于三维CoMP与多级SFR的车联网干扰协调

随着无线通信技术的快速发展,密集、异构、非规则、快速移动节点多(如汽车)的网络架构对小区间干扰协调技术提出了更高的要求,如何结合现有技术来抑制小区间干扰问题成了一个值得研究的重点课题。

无线通信蜂窝网络小区内部的用户采用正交方式共享整段频谱资源,所以不存在同频干扰,但是不同的小区之间存在同频干扰,尤其是相邻小区之间的边缘用户干扰最为严重。蜂窝车联网的小区间干扰同样严重,加之车辆快速移动,情况更为复杂。长期以来,小区间干扰协调技术都是缓解小区间干扰的重要手段,其目的在于有效利用无线资源,抑制小区间干扰。因此,本章提出了基于多级软频率复用(Multi-Level Soft Frequency Reuse,ML-SFR)与多点协作传输技术(Coordinated Multiple Points,CoMP)技术相结合的小区间干扰协调方案。基于该方案,本章建立了ML-SFR与CoMP在不同情况下相互转换的模型,本章选取了处于小区边缘的用户和整个小区全部用户累计速率作为指标来比较系统在使用单一抗干扰技术和将两种抗干扰技术结合后的性能。

6.1 国内外研究现状

CoMP技术是指多点传输和多点接收技术,而这里的多点是指不同的多个天线接入点。它利用光纤链路中的天线站共同为一个用户服务或者多个相邻的天线基站或节点同时为一个用户服务,从而提升用户的传输速率。在传统的蜂窝系统中,每个基站只为其基站范围内的用户服务。然而,小区边缘的用户会受到周围多个基站影响,小区间的干扰非常严重,导致整个系统的性能较差[158]。CoMP技术的实质在于利用空间信道的特性,通过协同处理干扰、避免干扰,或者将干扰转化为有用信号,为小区边缘用户提供更高的传输速率,从而提高网络资源的利用率。CoMP的传输方式分为上行多点传输技术和下行多点传输技术,其中下行CoMP在实现方式上可以分成两大类:多小区间动态调度/波束赋形(CS/CB)和多小区联合处理(Joint Processing,JP)。

CoMP技术主要针对集中式的多小区系统。其中,联合处理技术不要求参与基站之间共享所有用户的信息和数据,只需要基站之间的协作来共享和沟通信息,但是这种沟通和协作的实现也依赖于集中式功能,此外,参与基站之间的互动和信息交换主要是通过X2进行的。CoMP-JT实现的数据共享可以使多个相邻的小区联合起来为同一用户发送数据,从而实现一种多对一的服务。联合处理技术主要应用于相邻的多个小区系统,即多个小区和多个用户同时参与协作,协作时多个基站也可以同时给多个不同小区的用户发送信号。当不同的用户占用不同的频谱资源时,虽然可以直接避免用户之间的同频干扰,但频谱资源利用率却比较低。如果不同的用户使用同一个资源频段时,频谱资源就可以得到充分的利用,但此时需要使用预编码技术来避免用户之间的相互干扰,这种干扰可以分为小区内干扰和小区间(外)干扰。为了有效抑制这种干扰,我们可以利用预编码技术来减少传输中其他用户信号的干扰,以此来提升目标用户的信干噪比。如果相邻小区之间干扰被抑制并且基站使用相同的频谱资源为不同用户传输信号,那么来自相邻小区的信号对小区的用户来说就不是干扰信号,而是有效信号。通过协调相邻小区之间的传输,可以减少干扰或者将干扰转化为有用的信号。在CoMP的联合传输(Joint Transmission,JT)模式中,多个协调单元可以同时向单个用户发送不同频率的差分数据,以提高用户的数据速率,或者以相同的频率向单个用户发送相同的数据以增强信号强度[159]。近年来,对于联合传输技术,国内外学者做出了大量研究,一些关于联合处理的方案也被提出。文献[160]提出了一种基于正交多址接入下的联合传输多点协作系统,将非正交多址接入与多点协作传输干扰管理办法适当结合,进一步解决了小区边缘传输性能问题。文献[161]是基于超密集组网中的多点协作传输的研究,提出了基于两步优化的混合多点协作传输方法,通过两步优化提升系统性能。

此外,小区干扰协调技术中,频域干扰协调是最常见的干扰协调技术,其中最具代表性的有部分频率复用和软频率复用。部分频率复用,虽可以提升小区边缘吞吐量,却要牺牲一定的频谱效率,而采用软频率复用技术的主要目的是尽可能地减弱邻近小区对边缘用户的同频干扰问题,并提升整个小区的吞吐量[164]。5G沿用正交频分复用(OFDM)技术,小区和用户之间的干扰形式不会改变,所以软频率复用技术仍值得我们继续研究。随后文献[162]提出了一种能够改善软频率复用技术的小区边缘用户易受到相邻小区同频干扰的缺陷技术——多级软频率复用技术,随着5G甚至是6G到来,多级软频率复用技术有望成为通信系统中的关键技术。目前,ML-SFR技术也在其他方面得到应用。文献[163]中运用多级软频率复用的思路和功率控制的方法,设计了一种动态的频谱利用方案,该方案有效提升了频谱利用率。文献[164]中提出了一种 ML-SFR 异构网络(HetNets)，可大幅度提高信元吞吐量。文献[165]提出了一种新的多级软频率复用(MSFR)方案，其中宏/微小区的3个不同区域的用户采用不同的频率段和不同的传输功率级别，并且提出了迭代-MSFR(I-MSFR)格式，将功率控制参数的优化问题分为两个子问题，然后用经典的优化方法求解。

  上述工作虽可以抑制小区间干扰问题，但适用的场景有限，并且所用抗干扰技术自身也有缺点。面对无线通信的快速发展，上述单一的抗干扰技术是远远不足以解决小区间的干扰问题的，所以如何有效结合现有技术以高效抑制小区间干扰问题就成为了下一步研究与发展的重点。因此，将 ML-SFR 与 CoMP 技术相结合成为一个值得考虑的方法，但现有的软频率复用方案由于在频率复用规则中没有考虑多个小区联合传输方案而不适用于 CoMP 传输。随着无线通信技术的发展，人们通过新的频谱划分，将两种技术有效结合起来。对于 CoMP 技术和软频率复用(SFR)的应用，近年来已有一些研究成果。文献[166]提出了一种新的适用于不规则部署的具有 SFR 的 CoMP 网络离散分析模型，使用该模型允许在基于非规则 CoMP 辅助多入多出-正交频分多址(MIMO-OFDMA)的网络中，对控制 SFR 参数的最优参数进行离线计算；文献[167]提出了一种新的分析框架，对于一组特定的 SFR 参数，它允许对相关性能指标(如平均总容量、最差用户率和回程要求)计算封闭形式的近似，基于多目标进化算法(MOEA)的优化过程在联合评估各种指标(改进的帕累托前沿)时，证明在寻找明显优于传统设计的 SFR 参数的优化配置方面是非常有效的；文献[168]提出了一种协作频率重用(CFR)方案，其将每个小区的小区边缘区分成两种类型的区域，并定义频率重用规则，以支持这些区域中的用户的 CoMP 传输，与传统的 SFR 方案相比，仿真结果表明，CFR 方案将阻断概率降低 50% 以上，并将小区边缘吞吐量提高了 30%~40%。

  上面的方案虽然可以将两种技术结合起来，但过程较为复杂，本章提出一种简单而易于实现的方案，该方案将 ML-SFR 技术与 CoMP 技术相结合，通过比较采用阈值与用户的信干噪比，将两种技术互相转换和结合。但由于在 ML-SFR 中，相邻单元之间的单元边缘资源是正交的，所以在 CoMP 资源分配时会受到限制。ML-SFR 与传统的多级软频率复用不同，传统的多级软频率复用方案只是固定地给小区不同半径内的用户划分频谱资源，而本节将采用以一种动态的、自循环的方法为不同半径内的用户划分频谱资源，这样将更大程度地提高频谱利用率。

6.2 系统模型和频谱分配

6.2.1 软频率复用和多级软频率复用频谱分配

软频率复用方案[169]主要将频谱资源平均分为2组辅子载波和1组主子载波,共3组子频带。在使用软频率复用技术的小区内,主要通过功率控制来减少相邻小区之间的同频干扰,这就要求主子载波的功率密度门限高于辅载波的功率密度门限。在SFR方案中,主子载波可以被整个小区用户使用,辅子载波只能给中心用户使用,本节为了简化干扰计算,将主子载波分配给小区边缘用户使用。

对于SFR方案,需按照上述方法就将整个频带划分为3组子频带,如图6.1所示,其中f_1,f_2,f_3具有相同的子载波数。该种划分频率的方式保证了相邻小区的边缘用户使用不同的频段传输数据,从而有效降低了相邻小区间的干扰。由于小区边缘用户使用的是预先分配好的频段,固定基站在向小区边缘用户发射信号时可以使用全功率发射;而中心用户所使用的频段的发射功率会受到一定限制,来控制该段频率的使用程度,以实现频率复用因子的调节,从而实现软频率复用。在文献[162]中定义了一个用来评估软频率复用小区的性能的参数γ:

$$\gamma = \frac{PDL_{(s)}}{PDL_{(p)}} \tag{6.1}$$

其中,$PDL_{(s)}$和$PDL_{(p)}$分别代表辅子载波和主子载波的功率密度门限。由参数γ知,当γ减小时,小区边缘用户的容量会增加,此时小区边缘用户的传输速率就会增加。

第6章　基于三维CoMP与多级SFR的车联网干扰协调

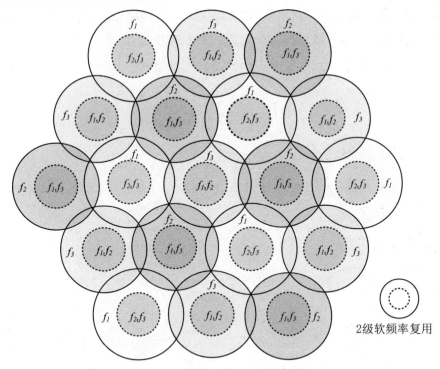

图6.1　软频率复用频谱分配图

根据软频率复用的思想，人们提出了多级软频率复用。在ML-SFR方案中，需将整个频带资源划分为N个部分，即每个部分都采用一个独立的SFR-2方案及其特定的γ。此方案中，共存在$2N$的PDL[170]。小区i的第N部分的频谱的主载波和副载波的功率密度门限h_N^i和l_N^i需要满足关系：

$$l_1^{(i)} \leqslant l_2^{(i)} \cdots \leqslant l_N^{(i)} \leqslant h_N^{(i)} \leqslant \cdots \leqslant h_2^{(i)} \leqslant h_1^{(i)} \tag{6.2}$$

以4级软频率复用为例，需将整段频谱资源划分为6段，为B1到B6。

本节的方案中，采用多级软频率复用来提升频谱的利用率。由于实验条件的限制，现以$N=4$为例展开介绍，即4-SFR（图6.2）。首先需将整个小区分为4个区域，此时频谱资源被分成6份，即用两次2-SFR。假设每个区域内都有用户，则在小区最外层和最内层用一次，其余部分再用一次。第一次使用时将该频段频谱资源的主子载波用于小区最外层，以保证各个小区边缘的频谱与相邻小区的频谱相互正交，其余用于小区中心。第二次使用时，则按上述方法类推。该种划分频率的方式保证了相邻小区的边缘用户使用不同的频段传输数据，大大降低了小区间干扰。由于小区边缘用户使用的是预先分配好的频段进行数据传输，固定基站在向小区边缘用户发射信号时可以使用全功率发射；而中心用户所使用的频段的发射功率要进行限制，发射功率的受限程度反映了该段频率的被使用程度。如果某区

— 111 —

域没有用户,为提高频谱的利用率,则将该区域与内侧相邻区域合并,如区域4没有用户,则将区域4与区域3合并,向内侧2取域,依次类推。

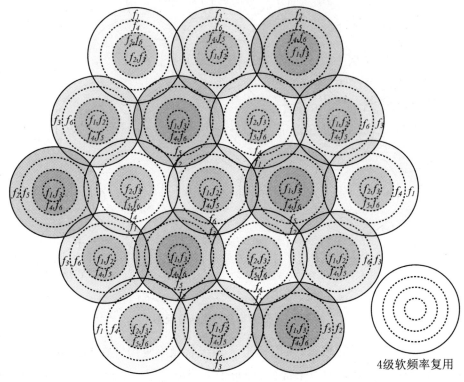

图 6.2　4-SFR 频谱资源划分图

6.2.2　CoMP-JT 模型

为了提高小区边缘用户的传输速率,提升小区边缘用户的信干噪比($SINR$),CoMP 技术应运而生。CoMP 传输方案能够通过基站间多点协作来提高小区内用户的传输性能,特别是对于小区边缘用户的性能提升有着明显的效果。而协调多点联合传输 JT 被认为是消除干扰影响的有效途径[172]。在 COMP-JT 模式中,多个协调单元(基站)可以同时向同一个用户发送不同频率的差分数据,以提高用户的数据速率,或者以相同的频率向同一个用户发送相同的数据以增强信号强度[171]。在使用 CoMP 技术时,需要划分小区中心用户(Cell Center User,CCU)和小区边缘用户(Cell Edge User,CEU)。同时在 SFR 方案中,也需将每个小区的用户分为小区中心用户和小区边缘用户。小区中心用户,由于离基站较近,所以可以使用相同的频带与固定基站通信,而小区边缘用户则采用相互正交的子频带与各自的固定基站通信或者通过CoMP技术与相邻基站协作通信,以减少相邻小区间的同频干扰。在界定CEU和CCU时,通常采用几何的界定方法,即通过用户与基站间的距离来区分CEU和CCU。除此之外,还可采用功率的界定方法,即用户所接收到的本小区基站的有用功率和其他小区基站的干扰功率的比值小于某一门限值时为CEU,反之则为CCU。本节是根据用户的$\overline{SINR}$来确定中心用户和边缘用户的。先将整个小区平均划分为N个区域,设定一个阈值$SINR_{th}$,从最外层的区域开始比较,则基于$SINR$阈值的用户分类可以表示为

$$M_{CCU}=\{m:\overline{SINR}\geqslant SINR_{th}\}$$
$$M_{CEU}=\{m:\overline{SINR}\geqslant SINR_{th}\} \quad (6.3)$$

以$N=4$为例,若区域4的$\overline{SINR}$小于阈值$SINR_{th}$,则继续判别区域3的$\overline{SINR}$是否小于阈值$SINR_{th}$,直至某区域的$\overline{SINR}$不小于阈值$SINR_{th}$并将这些看作为同一个区域来作为小区边缘;若区域4的$\overline{SINR}$大于阈值$SINR_{th}$,则直接将区域4作为小区边缘,其CoMP-JT模型如图6.3所示。

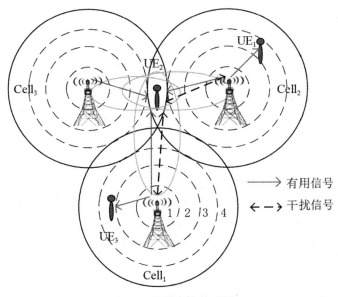

图6.3 频谱密度关系图

6.2.3 系统模型

该方案将ML-SFR技术与3D CoMP技术相结合,通过比较阈值与用户信干噪比,将两种技术转换和结合。且在ML-SFR中,相邻单元之间的单元边缘资源

是正交的,而现在的协作式多点传输技术正好可以克服基站间信息交互的问题。与传统的多级软频率复用方案只是给小区不同半径内的用户固定地划分频谱资源不同,ML-SFR方案将采用以一种动态的、自循环的方法为不同半径内的用户划分频谱资源,这样将更大程度地提高频谱利用率。

本模型将每个小区分成 N 个区域,每个区域的半径为 r。因为多级软频率复用相当于多次使用软频率复用,所以 N 的取值为 $2^n, n=1,2,3,\cdots$,本章以 $N=4$ 为例,实现 ML-SFR 与 CoMP 共同工作的场景。

本节的模型主要将 ML-SFR 和 CoMP-JT 两种技术相结合。首先判断阈值 ∂ 与某区域 $\overline{SINR}$ 的大小,当该区域的 $\overline{SINR}$ 小于 ∂ 时,用 ML-SFR 来抗干扰;当该区域的 $\overline{SINR}$ 大于 ∂ 时,用 CoMP 来抗干扰。以 $N=4$ 为例,当 $N=4$ 时,即将本模型分为 4 个区域,从内往外每个区域的半径为 $r_1 \sim r_4$。首先判断区域 4 的 $\overline{SINR}$ 是否大于阈值 ∂,若区域 4 的 $\overline{SINR}$ 大于阈值 ∂,则继续判断区域 3 的 $\overline{SINR}$ 是否大于阈值 ∂,依此类推,直至某区域的 $\overline{SINR}$ 小于阈值 ∂,且将 $\overline{SINR}$ 大于阈值 ∂ 的区域看成一个区域,该区域用 CoMP 技术来抗干扰;若区域 4 的 $\overline{SINR}$ 小于阈值,则用 ML-SFR 来抗干扰。

图 6.4 中,对于 ML-SFR 频谱资源的划分以简洁有效的标准软频率复用为基础,除小区最外层的频带相互正交外,小区其余部分的频谱资源分配将随着小区不同半径用户而改变,使其更充分合理地利用频谱资源。

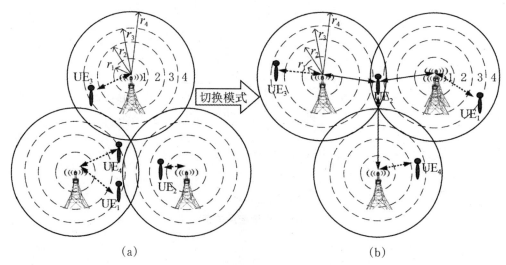

图 6.4 不同 SINR 工作模式图

6.3 算法设计

6.3.1 初步算法设计

软频率复用技术作为干扰协调技术的一种方案,可以提高频谱资源的利用率,而 CoMP 是一种减少小区间干扰的方法,所以可以考虑这两种技术的结合。本算法的主要思想是将 CoMP 技术与 ML-SFR 技术相结合,使其共同抗干扰。本算法中需要判断每个区域的平均信干噪比与阈值之间的大小,以确定用哪种技术抗干扰。具体操作流程如下。

第一步:设定小区中固定基站和用户的位置。

第二步:根据设定的"半径比"划分小区半径 r_1, r_2, r_3, r_4。

第三步:为各部分用户分配相应的资源块数。同小区不同用户使用不同频率,避免小区内用户间干扰,由于要使用多级软频率复用技术,整个频谱被分为 6 份。为了避免或减少各个小区边缘用户受到的小区间干扰,各个小区边缘用户使用正交的频带。

第四步:根据设定的"功率比"计算固定基站向小区各个半径用户发射信号的有用功率,不同的"功率比"代表了频率不同的使用程度,体现了软频率复用的核心思想。

第五步:计算每个用户到为其提供服务基站的距离并计算出路径损耗,从而计算出用户接收到的有用信号功率和累加干扰信号功率。

第六步:计算各层用户的平均信干噪比。根据用户接收到的有用信号功率、累加干扰信号功率和噪声信号功率,计算出相应的信干噪比,再求出平均信干噪比。

第七步:设定一个阈值 α,若 r_4 的平均信干噪比小于阈值 α,则判断 r_3 的平均信干噪比是否小于阈值 α,直至 r 层的平均信干噪比不小于阈值 α 并将这些看作一个层,即小区边缘;若 r_4 的平均信干噪比大于阈值 α,则实行第九步。

第八步:在被看作小区边缘的层使用 CoMP 技术抗干扰。

第九步:若 r_4 的平均信干噪比大于阈值 α,为提高频谱的利用率,将动态地使用多级软频率复用技术。所谓"动态"就是当某一层的用户数很少时,再固定地分配频谱资源就浪费了,所以当某层用户很少时,就将该层的频谱资源分一部分给相邻的层。为使小区边缘用户的频带正交,固定分配 r_4 层用户的频带,其余层,则根据各半径内用户数平均分配资源。

第十步：做三组对比实验：不用 CoMP 技术和动态 ML-SFR、使用动态软频率复用，以及动态软频率复用加 CoMP 技术。

6.3.2 算法总流程

ML-SFR 与 CoMP 技术结合算法流程如下。

定义 $t=0$，各个区域编号 1~N，小区各个区域半径 r_1~r_N，各个半径用户数 m_i，给定阈值 ∂，输入功率比，总频谱资源 f_t：

① $t=0$；

② 统计各个半径用户数 $m_i, i=1,2,\cdots,N$；

③ 判断最外层区域 N 的信干噪比是否大于阈值；

④ 如果区域 N 的用户的信干噪比 $<\partial$，则将区域 $N-1$ 的信干噪比与阈值 ∂ 比较，以此类推，直至某区域的信干噪比不小于阈值 ∂；

⑤ 将区域 N 到④中所比较的最后一区域看作小区边缘，其余为小区中心；

⑥ 在小区边缘用户使用 CoMP 技术，小区中心使用 ML-SFR 技术；

⑦ 否则直接将区域 N 看作小区边缘，并按照图 6.3 分配频谱资源，全小区使用 ML-SFR 技术；

⑧ 循环步骤②到⑦。

该方案的实现步骤具体如图 6.5 所示。

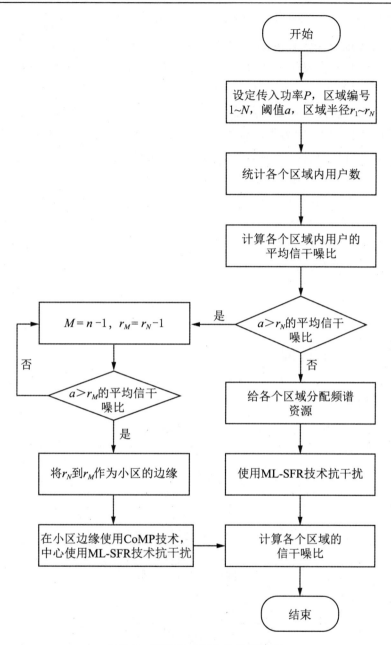

图6.5　不同信干噪比工作模式图

6.3.3　干扰分析

蜂窝车联网等移动通信系统的性能会被随机性严重影响,而无线信道属于典型的变参信道。通常,信号在传输的过程中会因为自由空间传播损耗、阴影衰落或者多径衰落等造成一定程度的损耗。自由空间传播损耗是指在理想的空间中,虽然电磁波的能量不会发生反射、折射、绕射、色散等,但会在扩散的过程中以球面波的形式向外扩散,产生扩散损耗。阴影衰落是因电磁波在传播的过程中会遇到建筑物或者高山等阻碍物形成的阴影区导致阴影区的电场强度减弱的现象。产生阴影衰落的随机性很大,因为阴影衰落的大小与信号传播的距离没有直接关系,它只与信道所处的环境有关。一般假设阴影衰落服从对数正态分布,通常为5~12 dB,在LoS路径场景下为4 dB。阴影衰落也是移动通信中存在盲区的原因之一,当阴影衰落达到一定阈值时,用户接收到的有用信号会过低,信干噪比过小,造成中断,即可判定该用户处于盲区。

路径损耗也是信号衰落的主要因素之一。本节按照公式(6.4)计算信号从基站传播到用户的路径损耗:

$$L = 10\lg\frac{P_T}{P_R} = 32.5 + 20\lg f + 20\lg d \quad (\text{dB}) \tag{6.4}$$

6.3.4 干扰计算

本算法所涉及的参数如表6.1所示。

表6.1 算法所涉及的参数

参 数	含 义	单 位
$L_{i,k}$	路径损耗	dB
P_0	用户接收功率	W
P_b	基站的发射功率	W
I_c	第u个中心用户受到的累加干扰	W
I_e	第u个边缘用户受到的累加干扰	W
E	服务同一用户的协作基站	
N_b	基站总数	
N_u	用户总数	
$D_{i,k}$	用户与基站的距离	km
$b_{m,k}$	同一协作簇内基站标记	
P_i	协作基站的发射功率	W
M_i	基站服务的总用户数	

1. 多级软频率复用干扰计算

对于参考小区中任一用户U来说,其接收到的有用信号功率用dB的形式均可

以表示为

$$P_0 = P_b - L_{i,k} \tag{6.5}$$

如果该用户为小区边缘用户,设定 P_b 就等于固定基站的发射功率,如果该用户为小区中心用户,在 ML-SFR 方案中,固定基站对小区中心用户发射功率为 P_b 乘以"功率比"。

由于参考小区中各用户收到的干扰信号与该用户所处的位置有关,所以干扰不能统一计算。以 4-SFR 为例,由于小区不同区域用户使用的子载波数目不同,受到的同频信号干扰也不同,如某一用户 U 处于参考小区的中心区域,则该小区的固定基站可使用 f_1 或 f_2 频段为该用户提供服务(假设选择 f_1 频段),如果周围小区的固定基站为用户提供服务时也采用相同频段发射信号,则会对用户 U 产生同频干扰。分析可知,周围 6 个小区的中心区域使用了 f_1 频段的概率为 1/2,边缘区域使用 f_1 的概率也为 1/2;而对于外围 12 个小区来说,小区中心区域使用了 f_1 的概率为 3/4,边缘区域使用 f_1 的概率为 1/4。因此,对于 4-SFR 最里层用户的干扰累加计算公式如下:

$$I_{r_1} = \sum_{i=1}^{6}\left[\frac{1}{2}(P_{b-r_1}^i - L_{i,k}) + \frac{1}{2}(P_{b-r_4}^i - L_{i,k})\right] \\ + \sum_{j=1}^{12}\left[\frac{3}{4}(P_{b-r_1}^j - L_{j,k}) + \frac{1}{4}(P_{b-r_4}^j - L_{j,k})\right] \text{ (dB)} \tag{6.6}$$

由此可得出多级软频率复用干扰的计算方法,以 4-SFR 为例,当只考虑参考小区外围两圈的基站对用户 U 的累加干扰时,用户 U 受到的累加干扰可按公式(6.7)计算。但由于使用了 ML-SFR 方案,相邻小区边缘区域所使用的频段均不相同,不会发生同频干扰,因此,周围 6 个小区对参考小区中的边缘用户的干扰只来源于固定基站对其服务的中心用户的发射功率,所以在计算边缘用户的干扰累加时要容易得多:

$$I_{4\text{-SFR}} = \sum_{i=1}^{6}\left[\frac{c}{6}(P_b^i - L_{i,k}) + \frac{c}{6}(P_{bi}^i - L_{i,k})\right] \\ + \sum_{j=1}^{12}\left[\frac{c}{12}(P_b^j - L_{j,k}) + \frac{c}{12}(P_b^j - L_{j,k})\right] \tag{6.7}$$

2. CoMP-JT 干扰计算

在 CoMP 模型中,计算干扰需要划分小区中心用户和小区边缘用户。本节通过信干燥比来划分小区中心用户和小区边缘用户,思路如下。

当 $\overline{SINK_u} < SINK_{th} \forall u = 1, 2, \cdots, N_u$ 时,将 $\overline{SINR_u} < SINR_{th}$ 的用户作为小区边缘用户,其余为小区中心用户。当用户位于小区中心区域时,用户距离最近的一

个基站为其服务,并且对该服务基站进行如 b_k 的标记,此时小区中心用户干扰计算如下:

$$\begin{cases} b_k = \{i | D_{b_k} = \min\{D_{1,k}, D_{2,k}, \cdots, D_{N_b,k}\}\} \\ P_0 = P_{b_k} - L_{j,k} \\ I_{\text{center}} = \sum_{i=1, i \neq b_k}^{N_b} (P_i - L_{j,k}) \end{cases} \quad (6.8)$$

当用户位于小区边缘时,此时用户距离最近的 E 个基站为其服务,并且对协作簇内的服务基站如 $b_{m,k}$ 进行标记。则小区边缘用户干扰计算如下:

$$\begin{cases} b_{m,k} = \{i | D_{b_k} \leqslant D_E = \min\{D_{1,k}, D_{2,k}, \cdots, D_{N_b,k}\}\} \\ P_0 = \sum_{m=1}^{E} P_{b_{m,k}} - L_{i,k} \\ I_e = \sum_{i=1, i \neq b_{m,k}}^{N_b} (P_i - L_{i,k}) \\ P_i = \sum_{k=1}^{M_i} P_{i,k} \end{cases} \quad (6.9)$$

计算出用户 U 接收到的有用信号功率和累加干扰信号功率后,并考虑到用户受到一定的噪声影响,可计算出用户的信干燥比。

6.4 仿 真 分 析

6.4.1 仿真参数设置

为验证本算法的有效性,本节以 $N=4$ 为例,用 MATLAB 对不同位置用户和全小区用户平均速率进行了仿真。通过对比,分析了传统单一软频率复用方案和单一 CoMP 技术方案与这两种技术结合的方案传输性能的优缺点。具体仿真参数设置如表 6.2 所示,仿真场景如图 6.6 所示。

表 6.2 仿真参数设置

参　　数	数　　值
系统带宽	100 MHz
载波频率	3 500 MHz

续表

参　　数	数　值
小区数	19
总用户数	135
2-SFR 中心用户数	57
2-SFR 边缘用户数	78
4-SFR 中心用户数	38
4-SFR 次中心用户数	40
4-SFR 次外圈户数	43
4-SFR 最外圈用户数	14
基站总发射功率	60 W
固定基站间距	1 000 m

该仿真场景设置了19个小区,每个小区设有固定基站,小区与基站间距离为1 000 m,并将每个小区分成了4个区域(场景图中只给出了当前小区用户,且用户的分布是随机的)。

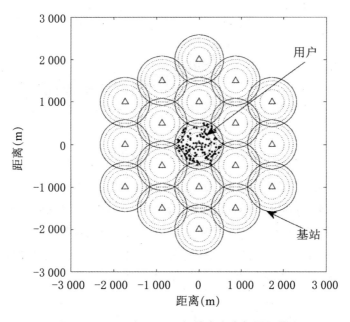

图6.6　CoMP与4-SFR相结合方案部署场景图

6.4.2　仿真结果分析

图6.7给出了用户距离与用户速率图,其中"None"表示没有使用任何小区间

干扰抑制技术;"SFR""CoMP"分别表示使用传统的SFR技术(用固定的功率比)和CoMP技术(全小区协作);L_2代表本算法中$N=2$,L_4代表本算法中$N=4$;CoMP与ML-SFR两种技术同时用于小区;CoMP Pro表示本算法中小区边缘协作;SFR Pro表示本算法中某区域采用最优功率比情况下的SFR。由图6.7可以直观地看出,随着用户离基站距离的增加,用户速率越来越低。从L_4可以明显看出,在4-SFR与CoMP结合的情况下,速率比不使用或者只使用一种技术都有提高,特别是在距离基站超过400 m后,因为离基站较远,用户的速率很低,使用4-SFR与CoMP技术结合的情况下可以有效地提高边缘用户速率。

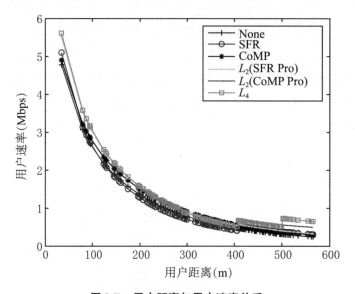

图6.7 用户距离与用户速率关系

图6.8给出了用户数与用户累计(累加)速率相关关系图,从中可以看出,随着用户数目增加,用户的累加速率也增加。从图6.8中还可以看出,使用抗干扰技术后对小区用户的累加速率明显有提升。由于图6.8中的用户数是从小区边缘用户开始累加的,由曲线可以看出在小区边缘使用4-SFR与CoMP结合的技术后,用户的累加速率最高,其次是增强CoMP型的情况。

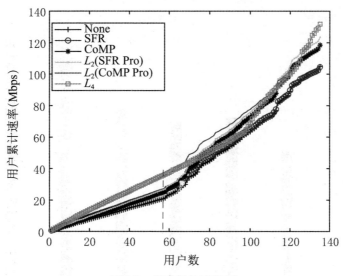

图6.8 用户累加速率图

图6.9所示为用户边缘平均速率图,图中清晰地反映了是否使用抗干扰技术对小区边缘用户速率的影响。使用传统的SFR和CoMP技术分别使边缘用户速率提升了22.26%和18.97%,使用最优功率比下的增强型SFR和CoMP技术分别使边缘用户速率提升了27.25%和67.96%,比传统的SFR和CoMP技术效果更好。而L_4是将ML-SFR和CoMP技术相结合的新方案,其对小区边缘用户速率的提升最好,因此验证了本节算法的有效性。另外,从仿真结果可以看出,使用传统单一技术和增强型单种技术情况下,SFR和CoMP技术对提升小区边缘用户平均速率的效果不同。在使用传统技术的情况下,SFR技术是将该小区边缘频率与相邻小区边缘频率相互正交,这样就减小了小区边缘用户受到的同频干扰,小区边缘用户的传输速率就相对提高。CoMP技术是将边缘用户置于几个基站的同频率上,几个基站同时为该用户服务,小区间同频干扰严重,且此时边缘用户离基站距离较远,路径损耗严重,所以它的提升率没有SFR高。在最优功率比下,使用CoMP和SFR两种技术,CoMP Pro对小区边缘用户平均速率的提升明显大于SFR Pro,原因在于是将小区各个半径内用户平均信干噪比与阈值比较后才在小区边缘使用CoMP Pro的。此时,小区边缘的用户平均信干噪比大于阈值,使用CoMP Pro,该小区周围的基站都为该小区服务,能有效提高边缘用户的传输速率。

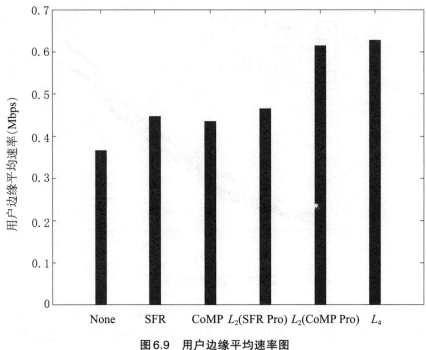

图6.9　用户边缘平均速率图

图6.10所示为用户平均速率图。从图6.10可以看出,使用小区间干扰抑制技术可以提高整个小区内用户的平均速率,用户的平均速率相对于不使用任何抗干扰技术时分别提升了12.99%、17.74%、13.51%和25.68%。通过计算可以看出,使用本节提出的方案对用户的平均速率提升最大。但只使用CoMP技术,小区用户的平均速率提升明显大于只使用SFR技术。传统的SFR对于整个小区用户速率来说是没有提升的,这是因为SFR技术是对频谱资源的固定划分,其将三分之一的频谱资源用于小区边缘用户,但小区边缘用户并不是全部用户的三分之一,这样虽然小区边缘的用户速率提升了,但对整个小区而言频谱利用率是较低的,所以说传统的SFR技术是以牺牲小区中心用户性能来提高小区边缘用户性能的。而CoMP利用相邻小区协作传输,周围固定的基站可以将干扰信号转换为有用信号,这样小区边缘的干扰会减少,所以对于整个小区而言,CoMP的性能要好一些。而在使用最优功率比下的增强型CoMP和SFR时,SFR Pro对整个小区用户平均速率的提升明显大于CoMP Pro,因为使用SFR Pro时相邻小区的频率正交,小区边缘用户受到的同频干扰少,而在最优功率比的情况下,即可以通过功率的调制,为子频带分配低功率,为主频带分配高功率,加上相邻小区的中心用户和边缘用户之间距离较远,所以此时对这样的干扰基本上可以视为等同于噪声来处理,所以小区

中心用户受到的干扰也就小。使用 CoMP Pro 时，周围固定基站对为中心用户和边缘用户服务的中心用户发射功率会有影响，小区边缘用户可以通过基站间协作传输而减少干扰，但小区中心用户受到的干扰会增加。所以使用 SFR Pro 对整个小区用户平均速率的提升优于 CoMP Pro。图 6.10 中的图线 L_4 代表将 ML-SFR 与 CoMP 两种技术相结合的方案，其对整个小区用户的速率都有提升：一方面它通过基站间的协作使小区边缘用户传输速率提升；另一方面它通过 ML-SFR 对频谱资源进行合理划分，提高了频谱的利用率。

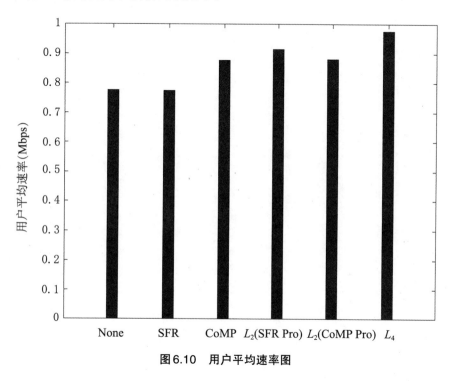

图 6.10　用户平均速率图

本章小结

本章提出了基于多级软频率复用与多点协作传输技术结合的小区间干扰协调方案。基于该方案，本章建立了 ML-SFR 与 CoMP 在不同情况下相互转换的模型，选取小区边缘用户速率和整个小区全部用户的累加速率为指标来比较系统使用单一抗干扰技术方案和将两种抗干扰技术结合方案的性能。

为了验证本章提出的方案，MATLAB仿真平台被用来对各种抗干扰技术方案对小区内边缘用户和中心传输速率的影响能力进行仿真。仿真结果表明：本章所提出的方案在抑制小区间干扰上优于传统的抗干扰技术方案，新的方案能更有效地提高小区边缘用户和相邻小区的传输性能，以及整个小区的频谱利用率。

第7章 基于三维CoMP的车联网节点自适应成簇算法

车联网通信虽然可以推动自动驾驶等智能交通技术的发展,大幅提高未来交通系统的安全和效率,促进节能减排,但是车联网通信仍存在许多挑战[173,174]。首先,车辆在道路上是高速行驶的,在这种高速状态下,车辆不仅要跟基站通信还要跟驾驶员、其他的车辆等进行数据交互,随时检测道路周边环境。其次,紧急消息和实时协作控制消息具有严格的延迟约束,而信息娱乐应用程序虽可以忍受一定程度的延迟,但延迟也不能太大[175]。可想而知,车联网对于时延和通信速率要求极高。此外,在车联网中,车辆的快速移动会导致频繁的网络拓扑更改和较短的通信链路寿命。因此在节点移动时,需要考虑负载问题,以防止通信链路中断。综上所述,要想发展好车联网,必须解决时延、通信速率、负载失衡问题。本章提出了一个5G背景下基于3D CoMP的自适应成簇算法,在这种算法中车辆通信节点被分为两类:基站和车辆用户(以下简称用户);用户被分为两种:中心用户和边缘用户。通过比较满足条件的相似用户的距离数,选出距离数最高的用户作为簇首;其余关联用户与簇首形成一个用户簇,依次类推,直到所有用户完成成簇操作。中心用户和边缘用户分别与主服务基站(与簇首距离最短的基站)和协作基站通信。

7.1 国内外研究现状

在解决车联网通信速率方面,国内外文献主要从抗衰落和抗干扰入手。抗衰落技术包含分集接收[176]、信道均衡[177]、信道编码[178]、交织编码[179]等,这些技术既可单独使用,也可组合使用。车联网通信距离相对较短,且通信终端数目庞大与频谱资源稀缺之间的矛盾突出,因此通信速率受同频干扰影响较大。目前,被广泛采用的主要有以下三种干扰抑制技术:干扰消除(ICI Cancellation)、干扰随机化(ICI Randomization)、小区间干扰协调(Inter-Cell Interference Coordination,ICIC)[180]。CoMP作为效果较好的干扰抑制技术,能消除相邻小区干扰,改善小区边缘用户通信性能和提高频谱效率[181-183]。文献[184]在无人机(UAV)技术的发展推动下,提出了一种新的空中多点协作(CoMP)无线网络架构,通过CoMP技术来抑制无人机高移动产生的干扰。文献[185]将干扰强的小区划为一个簇来共享频谱资源,通过基站协作为用户服务,使簇与簇之间实现频谱复用来减小干扰。CoMP主要通过小区间的协作来改善小区边缘通信速率。在协作多点传输中,由多个协作点同时为一个用户提供服务,所以需要对协作集合进行选择。目前协作集合选择的方式主要分为以下三种:静态协作集合选择、动态协作集合选择和预定义协作集合选择。由于静态协作集合选择通常不能很好地适应信道的随机衰落,因此预定义协作集合选择和动态协作集合选择成为了当前研究的热点。文献[186]提出了一种用于联合传输协同多点的集中式MAC调度方法。文献[187]研究发现当协作基站数为3时,费效比最优。文献[188]提出了一种适用于5G网络的、负载感知的、以用户为中心的动态CoMP集群算法。文献[189]对智能电网和CoMP无线通信相融合展开了研究。文献[190]将CoMP技术应用于智能电网的能源管理系统,每个可由再生能源发电的基站(BS)都可以与电网进行双向能源交易。文献[191]针对异构超密集蜂窝网络,研究了负载感知与CoMP群集联合的小区间资源调度问题。文献[192]针对纽约大学校园内城市微小区广场环境,对73 GHz频段基站的分集和CoMP通信做了大规模测量。上述抗干扰研究大多是在2D通信场景下展开的,针对3D场景和车联网场景的研究较少,且只使用抗干扰(如CoMP)容易造成负载失衡现象。

在解决车联网时延方面,移动边缘计算(Mobile Edge Computing, MEC)和协作任务调度较为常用。MEC通过在网络边缘进行智能计算,从而实现近距离部署和业务本地化。MEC卸载技术不仅减轻了核心网的压力,而且降低了因传输带来的时延。目前车联网的业务发展也已经从核心网转向边缘网[193],把原有集中式的云计算平台分布式部署在无线接入网络的边缘,大幅减少了任务上传至云服务器的传输计算时延,为用户带来了低时延、高质量的服务体验[194]。文献[195]提出了一种协作任务调度方案,该方案中一个任务车辆和多个服务车辆共同执行车载任务[196-197]。任务车辆综合考虑每个服务车辆的计算能力和最大服务时间,以确定应为每个服务车辆分配多少任务,最大程度地减少了任务执行时间。每个服务车辆的最大服务时间不仅取决于其在集合点的停留时间,还取决于任务车辆和服务车辆的相对运动。MEC对终端配置要求严格,而协作任务调度基于资源池中的空闲资源,不适合随机性、动态性都很强的车联网。

在解决车联网负载失衡方面,国内外文献主要采用负载均衡技术、成簇算法等。负载均衡技术建立在现有网络结构之上,可以提高吞吐量、网络数据处理能力和网络的灵活性。文献[198]提出了一种分布式负载均衡算法,该算法可以减少执行作业所需的时间和在网格架构中将作业从一个计算节点转移到另一个计算节点

第7章 基于三维CoMP的车联网节点自适应成簇算法

的响应时间及通信成本。文献[199]结合动态信道分配和信道借用技术,将所有基站分为6组,每组基站在同一个移动交换中心下:首先每个移动交换中心为其下基站分配一定数量的信道,如果有移动交换中心收到突发信道需求,则通过同一移动中心下的基站借用信道,若没有空闲信道可借用,则向另一个移动中心借用,以实现负载均衡。文献[200]采用博弈论进行信道负载均衡。文献[201]采用"中央负载均衡器"平衡虚拟产品之间的负担。成簇算法广泛应用于无线传感器网络的通信和路由协议,大多用来解决传感器能源不足问题。LEACH(Low Energy Adaptive Clustering Hierarchy)协议[202]采用分簇算法,节点轮流担任簇首并通过单跳方式与Sink节点通信。车联网路由分为平面路由和分级路由[203-205],分簇算法就是分级路由采取的重要方法。文献[206]将节点分为不同等级,但簇头的选择只考虑了能量因素,未考虑簇头节点与簇内成员的移动性和距离因素。

当前,大多现有文献只针对车联网单个问题展开研究,但用户通信速率、时延与基站负载水平往往是相互关联或矛盾的,需要综合考虑。

7.2 系统模型

本章的系统模型如图7.1所示。

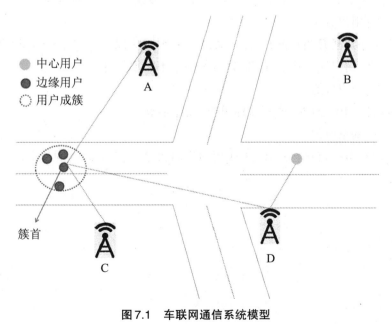

图7.1 车联网通信系统模型

该车联网通信系统包含3个部分:车辆、基站、用户簇。

1. 车辆

实心圆点代表车辆(下文简称用户),其中右侧实心的点为中心用户,左侧圆圈内的点为边缘用户。

2. 基站

A、B、C、D是几个相邻的基站。如果用户是边缘用户,用户会与协作基站通信。相反,用户将与最近的基站通信(主服务基站)。

3. 用户簇

虚线圈代表一个用户簇。簇首和基站通信,同时附属用户与簇首通信。当用户不能成簇时,用户单独与基站通信。

7.3 自适应算法

此自适应成簇算法由以下三个步骤构成:用户分类、用户成簇、基站选择。算法流程图如图7.2所示,算法中所涉及的参数如表7.1所示。

第一步:用户分类。

计算R并判断R与a的关系,如果$R>a$,则用户属于边缘用户,其服务基站需要协作;反之,用户属于中心用户,其服务基站不需要协作。

第二步:用户成簇。

边缘用户和中心用户成簇具体见第7.3.1小节。

第三点:基站选择。

成簇用户由簇首进行这步,未成簇用户由自己进行这步,详见第7.3.2小节。

第7章 基于三维CoMP的车联网节点自适应成簇算法

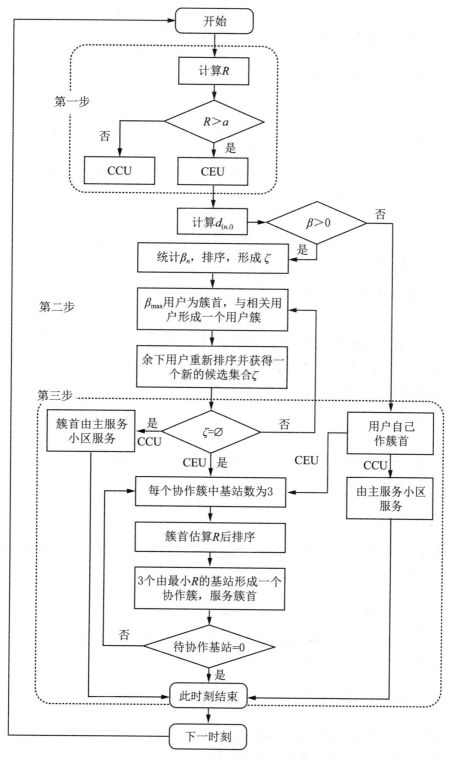

图7.2 节点成簇算法流程

表 7.1 系统参数

参　数	含　义
CCU	中心用户
CEU	边缘用户
R	小区内所有用户到基站的距离
r	簇首与统一情况内其余用户间相互距离的阈值
a	R 的阈值
$d_{(u,i)}(\forall u=1,2,3,\cdots,u,u\leqslant n,\forall i=1,2,3,\cdots,i,i\leqslant n,u\neq i)$	不同个体第 u 个用户与第 i 个用户的相互距离
β_n	用户 n 满足 $d_{(u,i)}\leqslant r$ 的相互距离个数
$\beta_{\max}$	排序后最大的 β
$\zeta_{(u,i)}$	将所有 β 按由多到少作排序操作,形成的候选集

7.3.1 用户成簇算法

用户成簇在无线传感器网络领域应用比较广泛,常用来解决传感器能源不足的问题,如为了均衡网络能耗,缓解"能量热区"问题。但为了降低负载、提升计算速度、降低时延,本章将用户成簇用于车联网,设计了如下用户成簇算法。

1. 成簇条件

计算同类用户的 $d_{(u,i)}$,并判断 β_n 与 0 的关系,若 $\beta>0$ 则进行步骤 2,若 $\beta_n=0$,则此用户不进行用户成簇操作。

2. β_n 排序

统计同类用户中每个用户的 β_n,将所有同类用户的 β_n 按由多到少做排序操作,形成候选集 ζ。

3. 选择簇首

从 ζ 中选择 $\beta_{\max}$ 的用户作为簇首,候选集中与簇首的 $d_{(u,i)}\leqslant r$ 的为附属用户,同簇首形成用户簇。

4. 排除用户簇中的用户

将此用户簇中的所有用户从候选集 ζ 中排除,形成一个新的候选集 $\zeta\sim$。
重复步骤 3~4,直至候选集 ζ 为空集,即 $\zeta=\varnothing$。

用户成簇如图7.3所示。

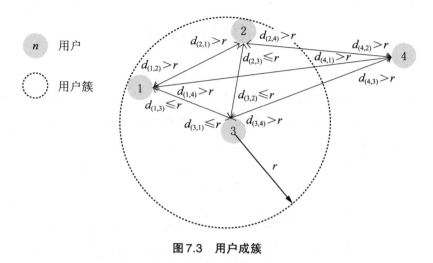

图7.3 用户成簇

假定现在用户分布情况如图7.3所示，根据用户的相互距离所需要满足的条件，可得到如下结果：

统计得：

$$\beta_1=1,\quad \beta_2=1,\quad \beta_3=2,\quad \beta_4=0$$

做排序操作：

$$\beta_3>\beta_1=\beta_2(>\beta_4=0)$$

即用户K_3为簇首，K_1，K_2为附属用户，这三个用户形成一个用户簇，K_4单独为一个用户簇。

7.3.2 基站选择

CoMP可作为消除邻近小区干扰、提高外围用户性能和提高频谱效率的重要手段。在CoMP中，CCU由最近的基站服务，而CEU执行其他操作，每个协作基站簇中基站数为3[187]。

基站选择步骤如下：

第一步：排序R。估计出R，并将R由小到大排序。

第二步：选择协作基站。通过CEU选择3个距离最近的基站作为协作基站，形成一个协作基站簇。

第三步：重复第一步和第二步，直至所有的待协作基站完成成簇操作。

7.4 仿真分析

图 7.4 所示为用户基站车道分布图,本节考虑标准双向 6 车道总宽度为 28.5 m,用户数在[30,40]内动态变化,仿真参数设置如表 7.2 所示。

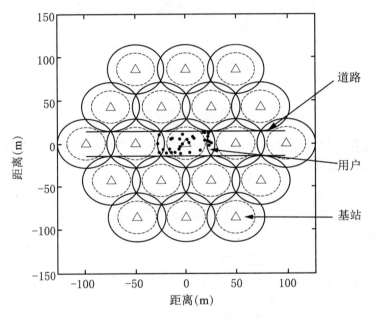

图 7.4　用户基站车道分布图

表 7.2　仿真参数设置

参　数	数　值
小区半径(m)	28.5
小基站总发射功率(W)	20
基站总带宽(MHz)	20
载波频率,世界大部分 5G 采用频率(MHz)	3 500
成簇半径(m)	10

此节,将从三个方面来讨论仿真结果:平均信息速率、基站负载和通信时延。

7.4.1 用户平均速率

图 7.5 给出了用户在 10 s 内平均速率的变化情况。根据图 7.5 可知，成簇的边缘用户后与未成簇的边缘用户相比，用户的平均速率有了明显提升。整体而言，成簇用户的平均速率明显高于未成簇用户。图 7.5 中的仿真曲线波动较大，是因为信息率和车辆数量在每个时间周期(0.1 s)内呈非线性变化。

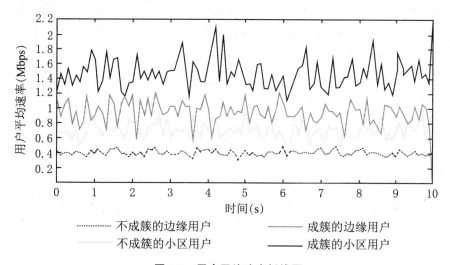

图 7.5 用户平均速率折线图

根据图 7.6 可知，在一定时间内，车辆成簇前，每一个用户都与基站进行通信，成簇之后则只有簇首与基站通信；而边缘用户的簇首与基站之间通信的平均速率相较未成簇的边缘用户提升了 132.90%。整体而言，用户簇首与基站之间的平均通信速率相较未成簇用户提升了 108.11%。

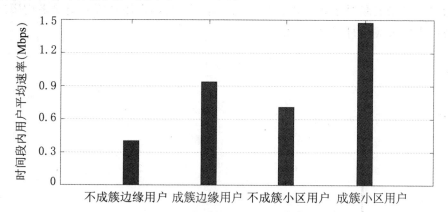

图 7.6 时间段内用户平均速率柱状图

结合图7.5和图7.6,仿真结果表明,本章算法能够明显提升用户的平均通信速率。这是因为用户成簇后,只有簇首与基站通信,而簇内用户是相互通信的(即D2D通信,其速率可以非常大,但本章不重点研究)。如此一来,便能满足车联网高带宽需求,同时还可以降低负载,给用户带来良好的体验。

7.4.2 平均用户负载数

图7.7给出了在10 s内平均用户负载数的变化情况。根据图7.7可知,与未成簇的边缘用户相比,成簇的边缘用户的平均用户负载数明显下降。整体而言,成簇后平均用户负载数明显低于未成簇的情况。

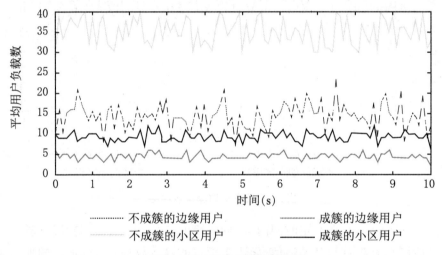

图7.7 平均用户负载数折线图

根据图7.8可知,在一定时间内,基站在边缘用户成簇时的平均用户负载数相较边缘用户未成簇时下降了69.36%。整体而言,基站在用户成簇时的平均用户负载数比用户未成簇时下降了73.56%。

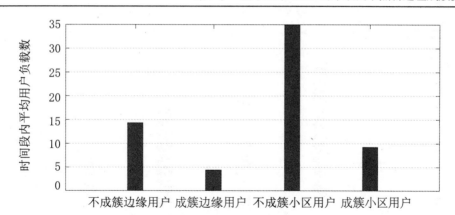

图7.8 时间段内平均用户负载数柱状图

结合图7.7和图7.8可得,本算法能够有效降低基站负载,提升通话质量,同时也降低了系统复杂度,能够有效提高客户满意度,对于车联网发展有极大帮助。

7.4.3 平均用户信号往返时延

图7.9给出了在10 s内平均用户信号往返时延的变化情况。此处只研究了信号在基站与用户两者之间的平均往返时延。根据图7.9可知,成簇边缘用户相较于未成簇边缘用户,平均用户信号往返时延明显降低。整体而言,成簇后能够起到降低平均用户信号往返时延的作用。

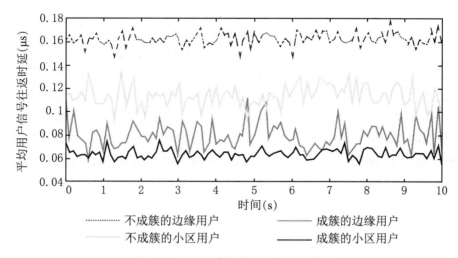

图7.9 平均用户信号往返时延折线图

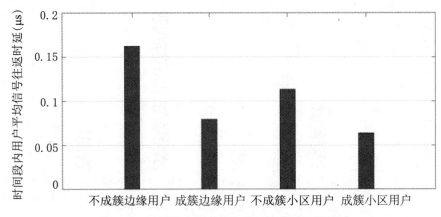

图7.10 时间段内用户平均信号往返时延柱状图

根据图7.10可得,在一定时间段内,成簇后的边缘用户平均信号往返时延较未成簇的边缘用户降低了51.05%。整体而言,成簇后的用户平均信号往返时延较未成簇的用户降低了43.88%。

结合图7.9和图7.10,可发现本算法能够明显降低时延,又因为车联网对时延要求极高,减少任何一点时延都有重要意义,故本算法对车联网有极大帮助。

本 章 小 结

本章针对5G车联网通信中的3D CoMP场景,提出了一种节点成簇算法,同时解决了通信速率低、基站过载、时延大三个问题。在用户成簇部分,选择一个簇首,让满足条件的用户与其通信,这一举措能够有效降低基站负载,提升资源利用率;在基站选择部分,通过距离阈值来选择协作基站,从而达到提高通信速率的效果。仿真结果表明,本章所提算法使用户平均通信速率提升了108.11%、时延降低了43.88%、负载降低了73.56%。另外,该算法具有较低的复杂度,非常适合车联网场景。

第8章 基于预测的车联网动态负载均衡算法

当今社会经济发展迅速,生活水平极大提高,汽车保有量急剧增加,随之带来的"潮汐效应"在车辆行驶时间上的体现愈加明显,城市车辆拥堵现象逐步成为社会的顽疾,也会造成车联网网络卡顿、通信质量不佳等问题。在车联网环境中,由于车辆时空分布不均匀,极易导致区域基站网络负载不均衡、资源利用率低等问题。针对CoMP场景,本章提出基于车辆预测的负载均衡算法,假设到达基站的车辆数服从分段泊松分布,再根据基站当前及预测的负载状态进行负载均衡。统计各基站的负载状况及用户的位置,得出各基站当前的负载状态,筛选出低于负载门限的基站作为可切换的低负载协作簇,对边缘用户选择性地结合CoMP技术,通过共享信道信息和用户数据信息,将干扰信号转化为有用信号,降低相邻基站间的干扰,完成各基站间的负载均衡。

8.1 国内外研究现状

现有负载均衡算法,根据任务调度策略的不同,主要分为两大类:静态负载均衡算法和动态负载均衡算法[207]。静态负载均衡算法任务分配的依据主要是预先设置好的策略,但不会对时变的基站进行实时的调整,如轮询算法、加权轮询算法等[208-210];而动态负载均衡算法在进行任务划分时,会以当前基站作为参考,如最小连接法、加权最小连接法等[211]。

静态负载均衡通常涉及映射或者调度问题[212],学术界已经有不少关于静态负载均衡的研究成果。文献[213]通过对经典静态负载均衡策略的研究改进,设计了一个以最小化平均响应时间为调度依据的负载均衡策略,该策略在异构环境下能够获得较好的均衡效果。文献[214,215]用数学模型分别描述了单任务类型和多任务类型的静态负载均衡问题,给出了其形式化的表示方式,分析了算法的性能,并通过仿真实验验证了该算法的可行性。文献[216]提出了一种适用于星形拓扑结构的静态负载均衡算法。文献[217]提出了一种基于JAVA对象发现的负载均衡方法。

传统的静态负载均衡策略由于其自身设计的缺陷,已不能满足当前应用动态变化的需求,而且可应用的场景具有一定的局限性,因此,人们提出使用动态负载均衡策略来解决现实问题。文献[218]将动态信道分配和信道借用技术相结合,均衡各基站间的负载状况。文献[219]通过"切换参数调整",将过载基站重新转变为非过载基站,实现负载均衡。文献[220,221]则是基于博弈论动态调整参数,实现负载均衡。文献[222]提出了一种分布式负载均衡算法,该算法可以处理任何类型的网格结构。文献[223]提出了一种博弈论的解决方案,以克服潜在的乒乓负载转移问题和负载均衡的慢收敛问题。文献[224]利用博弈论均衡各信道之间的负载等。

以上这些负载均衡的办法都没有考虑如何降低或消除基站间的干扰。而协作多点(CoMP)传输技术采用多个基站协同调度或联合处理来抑制甚至消除基站间的干扰[225]。现如今关于基于 CoMP 的负载均衡算法的研究也有不少,如文献[226]基于 CoMP 的不同负载均衡模式进行了建模和讨论,将呼叫阻塞率定义为负载均衡过程中保证的服务质量指标并与基于不同基站分簇模式的负载均衡进行对比。文献[227]针对 CoMP 场景提出了一种自组织的、以用户为中心的在控制数据层面分离体系结构的分簇算法。文献[228]提出了一种支持 CoMP 操作的新网络体系结构,使用虚拟化基站和云无线接入网络,在基站控制器上分配负载以最小化协调延迟,从而达到基站的负载均衡。

这些算法是在 CoMP 技术下实现的,但它们仍没有针对车联网场景进行负载均衡,无法较好地解决本章所提的针对车联网 CoMP 场景的负载均衡问题。现有一些基于预测的负载均衡算法,如文献[229]利用处理机的负载变化率对处理机进行动态负载预测,虽然这种算法简单易行,但是由于处理机负载变化很快,随机性很强,没有平稳的、连续性的状态,因此这种预测算法的准确度很快就会降低。

8.2 系统模型

8.2.1 基于CoMP的车辆分布

通常情况下,道路上行驶的车辆均为独立的个体,其驶入、驶离时间及驾驶速度等都取决于驾驶员本人的意愿,同时还要受道路交通规则、路况环境及其他邻近驾驶员的行为影响,因此,车辆在行驶过程中具有随机性,而车辆在即将接近或远离基站时往往会造成基站的负载不均衡。车辆在行驶的过程中,处理车辆通信信息的基站会发生改变,这会导致某些基站过载而另一些基站处于轻载甚至是空载状态,基站的资源得不到充分的利用。在车辆行驶过程中,其服务基站也会随着车辆的运动位置和时间改变发生一定的变化。

如果忽略车身长度,把车辆看作是一个质点,则可用图8.1来表示间隔一定时间的车辆位置变化。

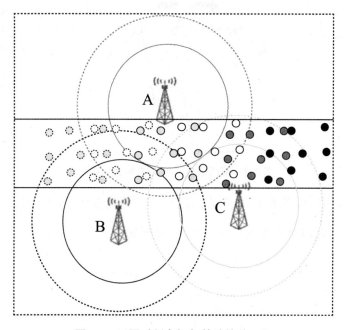

图8.1 不同时刻车辆与基站的关系图

每辆车在行驶的过程中,其服务基站也会随车辆位置的变化而发生一定的改变。如图8.2所示的是行驶过程中车辆与其服务基站的关系图,其中虚线表示行驶前的服务状态,实线表示行驶后的服务状态。

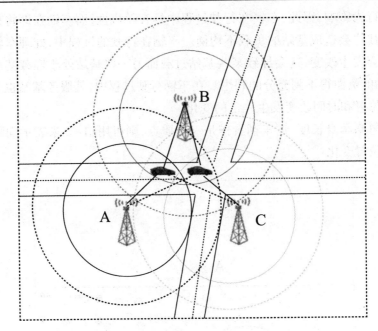

图 8.2　不同位置基站与车辆位置关系

本章根据用户位置的不同,依据其距中心的距离划分为中心用户和边缘用户,本章以 $\frac{3}{4}r$ 为界对用户位置进行划分,划分规则如下。

$$\begin{cases} d \leqslant \frac{3}{4}r: \text{中心用户} \\ d > \frac{3}{4}r: \text{边缘用户} \end{cases} \qquad (8.1)$$

其中,中心用户只会对当前基站的负载状况产生影响,直接接受当前基站的服务,而边缘用户则根据当前基站的负载数对当前基站及其相邻的 3 个基站产生影响。对于边缘用户,本章采用 CoMP 协同多点传输技术提供服务,不仅能达到负载均衡的目的,也可以降低临近基站间的干扰。用户与服务基站的关系如图 8.3 所示。

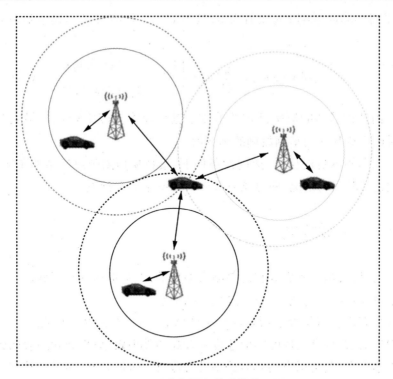

图8.3 用户与服务基站的关系图

8.2.2 预测模型

泊松分布是一种离散型随机概率分布,在生活生产实践中有着非常广泛的应用,主要用于描述单位时间或空间内随机事件 X 发生 k 次的概率分布数学模型。在实际事例中,当一个随机事件,例如某电话交换台收到的呼叫、来到某公共汽车站的乘客、某放射性物质发射出的粒子等,以固定的平均瞬时速率 λ (或称密度)随机且独立地出现时,那么这个事件在单位时间(面积或体积)内出现的次数或个数就近似地服从泊松分布 $P(\lambda)$ 。

在车联网环境中,虽然车辆的分布具有随机性,但并不是完全无规律可寻。在生活中车辆到达基站的数量往往会受到"潮汐效应"的影响,在一天的某个时间内会出现"峰值",于是本章假设车辆到达基站的数量大致服从强度为 λ 的泊松分布,则某一时刻有 k 辆车到达基站的概率为

$$P(X=K)=\frac{\lambda_{(t)}^{k}}{k!}\mathrm{e}^{-\lambda_{(t)}} \tag{8.2}$$

其中, λ 是时间有关的参数,这里假设 λ 有两种情况:在上下班的高峰期 λ 的取值为

λ_1，而在平时的非高峰期λ的取值为λ_2，其中$\lambda_1 > \lambda_2$，则有K辆车到达基站的概率可表示为

$$P(X=K) = \frac{\lambda_{(t)}^k}{k!} e^{-\lambda_{(t)}} \begin{cases} \lambda_{(t_1)} = \lambda_1 \text{（高峰期）} \\ \lambda_{(t_2)} = \lambda_2 \text{（非高峰期）} \end{cases} \tag{8.3}$$

在车辆到达基站的概率已知的前提下进行计算，取$P(X=K)$最大时的K值为下一时刻到达基站的车辆数辆的预测值。

在已知车辆本身的位置、速度的条件下，很容易预测驶离基站的车辆数，再根据车辆到达和驶离的情况，便可预测某个时刻基站的车辆数。

8.2.3 负载均衡

在不同时刻，基站的服务状态是略有差异的，本章根据基站服务用户的个数或用户速率将基站分为轻载、满载和过载三种状态。

轻载状态表明基站处于低负荷的工作状态，有多余的系统资源可以接受并处理新的用户请求，具有较快的响应速度和较高的处理效率；满载状态表明此刻用户恰好能正常工作，但是用户的体验速率没有低负载时那么好；而过载状态就是基站已处于超负荷的工作状态，用户会面临网络卡顿、信号拥堵等问题。

本章综合利用基站服务用户数判断基站是否过载，利用边缘用户通信速率控制服务质量，设定一阈值A_{th}作为基站客服务用户数的上限，同时设定用户通信速率的最低门限V_{th}，若A_{th}、V_{th}及基站服务用户数A_{now}、用户平均体验速率V_{use}有如下关系：

$$V_{use} < V_{th} \tag{8.4}$$

或

$$A_{now} > A_{th} \tag{8.5}$$

则认为基站此时处于过载状态，而其他情况为未过载状态，取等号时基站恰好处于满载状态，其中V_{th}是用户能正常工作的最小值，A_{th}是基站可服务的最大用户数，这些参数可以根据实际情况进行设置。

8.3 负载均衡算法

8.3.1 算法总流程

本章的算法主要分为五个阶段：

第一步，分析各基站的负载状况。

第二步，对不同负载状态的基站进行相应的分析处理。

第三步，划分用户位置，对于不同位置的用户采用相应的服务。

第四步，重新统计基站的负载状况。

第五步，循环第一至四步，直到所有基站都处于未过载状态，即用户速率大于设定的阈值且基站所服务用户数未超过所设定阈值。

具体步骤如下：

步骤1：统计各基站最初的负载状况，分为轻载、满载过载三种状态，把轻载基站作为临近满载或过载基站的协作基站。

步骤2：对基站的三种不同的状态进行分析。

步骤2.1：过载状态时，先进行负载均衡，均衡为满载或轻载状态，然后分析用户的位置分布。

步骤2.2：判断为满载状态或轻载状态时，应先分析用户的位置分布，以 $\frac{3}{4}r$ 为界分为中心和边缘用户。

步骤3：中心用户直接由本基站提供服务，而边缘用户则先进行预测，并不断统计其负载状况，选择性地采用CoMP技术为其提供服务。

步骤4：判断边缘用户的网络有效容量，当边缘用户的网络有效容量超过所设定的阈值时，则认为基站达到负载均衡状态。

步骤5：循环步骤1至步骤4，直到所有用户的网络有效容量均不低于所设定的阈值，且所有基站的业务量均不大于基站可服务的用户数的上限。

基站的负载状态是实时更新的，基站的负载信息每隔一定时间都会重新统计计算一次，算法整体处于一个循环的过程。如果同时有9辆车即将到达基站，那么图8.1中车辆的颜色及位置变化可认为是更新的次数及计算出的负载状况，根据预测结果可计算出下一时刻基站的负载状态，提前进行均衡，以保证用户的网络流畅程度。

具体流程如图8.4所示。

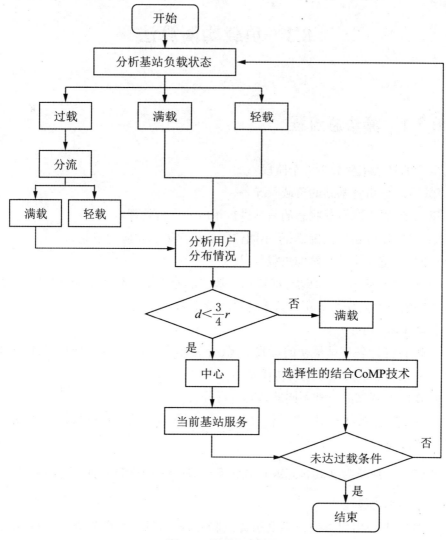

图8.4 算法总流程图

8.3.2 算法子流程图

1. 轻载子流程

如果基站一开始就是处于轻载状态,则将该基站作为临近基站的协作基站,同时对此基站进行负载预测,分为以下四步:

第一步,分析用户的位置。

第二步,对边缘用户进行预测。

第三步,根据预测结果对不同位置的用户采用不同的服务方式。

第四步,从第一步开始循环,直到所有基站均处于为未过载状态。

具体步骤如下:

步骤1:分析用户的位置分布,以$\frac{3}{4}r$为界划分中心和边缘用户,大于$\frac{3}{4}r$的划分为边缘用户,小于$\frac{3}{4}r$的为中心用户。

步骤2:对边缘用户进行业务预测,预测将会有轻载、过载和满载三种结果。

步骤3:中心用户直接由本基站为其提供服务;当预测后的基站处于轻载状态时,结合CoMP技术为用户提供服务;当预测后的基站处于满载状态时,结合CoMP技术与临近轻载基站同时为用户提供服务;当预测后的基站处于过载状态时,则重新进行分流,均衡负载。

步骤4:循环步骤1至步骤3,直到所有用户的网络有效容量均不低于所设定的阈值,且所有基站的业务量均不大于基站可服务的用户数的上限。

具体流程如图8.5所示。

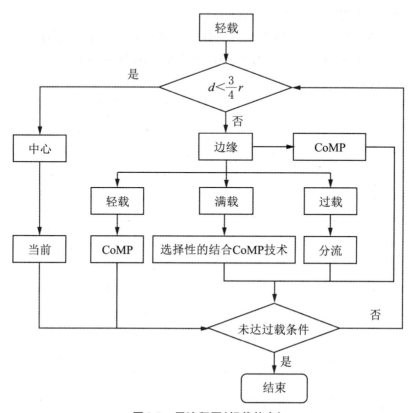

图8.5 子流程图(轻载状态)

2. 满载子流程

如果基站一开始就是处于满载状态,则直接分析用户的位置,主要分为以下四步:

第一步,先将用户位置划分为中心和边缘用户。

第二步,对边缘用户进行预测。

第三步,根据预测结果对不同位置的用户采用不同的服务方式。

第四步,从第一步开始循环,直到所有基站均处于为未过载状态。

具体步骤如下:

步骤1:分析用户的位置分布,以$\frac{3}{4}r$为界划分为中心和边缘用户,大于$\frac{3}{4}r$的划分为边缘用户,小于$\frac{3}{4}r$的为中心用户。

步骤2:对边缘用户进行业务预测,预测结果分为过载和未过载两种状态。

步骤3:中心用户直接由本基站为其提供服务;当预测后的基站处于未过载状态时,结合CoMP技术与临近轻载基站同时为用户提供服务;当预测后的基站处于过载状态时,则重新进行分流均衡负载。

步骤4:循环步骤1至步骤3,直到所有用户的网络有效容量均不低于所设定的阈值,且所有基站的业务量均不大于基站可服务的用户数的上限。

具体流程如图8.6所示。

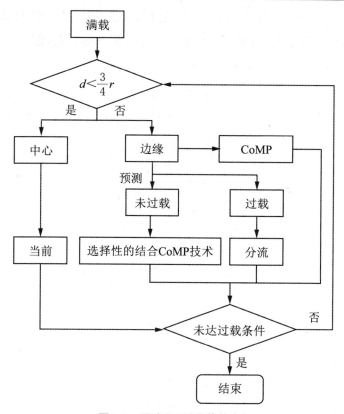

图8.6 子流程图(满载状态)

3. 过载子流程

如果基站过载,先将用户进行分流处理,将部分边缘用户分流到临近轻载基站服务,从而形成若干个轻载或满载的基站,然后再进行业务预测,根据预测结果对用户进行相应的处理。

具体分为四步:

步骤1:对用户进行分流处理,此时基站将会被分为若干个满载或轻载状态的。

步骤2:对不同状态的基站进行相应的预测处理,预测后的基站状态及服务方式参考步骤2、步骤3。

步骤3:判断当前基站的状态,对不同的状态进行相应的分析和处理。

步骤4:循环步骤1至步骤3,直到所有用户的网络有效容量均不低于所设定的阈值,且所有基站的业务量均不大于基站可服务的用户数的上限。

具体流程如8.7所示。图8.7中的"分析判断"是指分析判断分流后的用户分布,根据图8.5和图8.6进行预测分析,然后进行负载均衡,直到所有基站都不满足过载条件,循环结束。图8.4所示可以看成一个大循环体,包含图8.5、图8.6、图8.7所示的三个子循环。

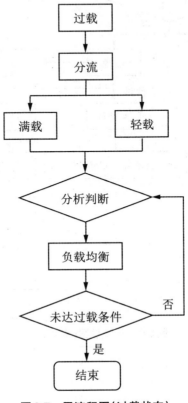

图8.7 子流程图(过载状态)

8.4 仿真分析

对小区在采用本章所提算法前以及均衡前一时刻和均衡后一时刻的过载率、用户平均速率及边缘用户平均速率进行仿真对比,通过分析验证方案的可靠性。

8.4.1 参数设置

表8.1给出仿真参数设置,考虑标准双向6车道总宽度,假设有19个小区,并且

小区半径为28.5 m,用户在小区中的位置随机均匀分布;R_c为小区半径,P_T为小基站总发射功率,B_N为基站总带宽,f为载波频率,也就是通用的5G频率,N_{au}为下一时刻新来车辆平均数,即泊松分布平均数,高峰时期取泊松分布的λ值为8,N_{ru}为下一时刻离开车辆数,N_{thu}为基站过载用户数标准,R_{thu}为基站过载用户平均速率标准。

表8.1 仿真参数设置

参数	仿真值	参数	仿真值
R_c	28.5 m	N_{au}	8
P_T	20 W	N_{ru}	6
B_N	20 MHz	N_{thu}	25
f	3 500 MHz	R_{thu}	0.5 Mbps

8.4.2 仿真分析

1. 过载率变化对比

如图8.8所示,高峰时期的19个小区在正常情况下的过载用户数,为图中实心折线;均衡前一时刻在图中由点划折线表示;均衡后一时刻,即图中虚线所示。这3种状态下(下文称3种状态)的过载用户数,在同一时刻不同小区的负载状况具有一定的随机性,会导致各小区负载数大相径庭,因而得到的折线图并不光滑。而预测下一时刻的负载状况是假设抵达小区的用户数服从泊松分布,此时通过加上新进来的用户数,减去离开的用户数来预测下一时刻小区的用户数。又因为在高峰时期抵达小区的车辆数目往往会高于离开基站的车辆数目,所以所得小区过载用户数的折线图大致如图8.8中所示的状态,并以此计算出19个小区在3种状态下的过载率(图8.9)。显然,小区的过载率在均衡后较均衡前明显下降了52.627%。很大程度上是因为使用了本章所提的算法,因而验证了本章所提方案具有良好的负载均衡能力。

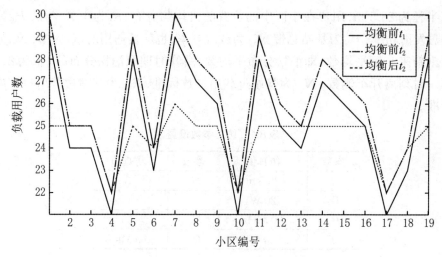

图8.8　19个小区的负载用户数

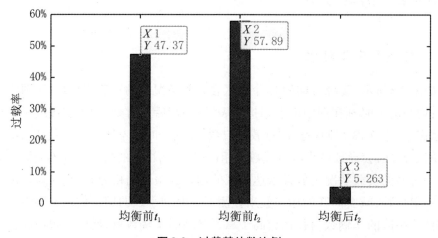

图8.9　过载基站数比例

2. 边缘用户速率对比

本章所提算法不仅可以降低小区基站的过载率,还可以在一定程度上提高用户通信速率。3种状态下边缘用户的平均通信速率分别为均衡前t_1、均衡前t_2及均衡后t_2,如图8.10所示。首先为用户通信速率设定一个阈值,在用户通信速率低于该阈值时,即小于0.5 Mbps时,视为小区过载,则各种状态下小区边缘用户的平均通信速率如图8.11所示。对小区下一时刻的负载状况进行预测并采用CoMP技术对边缘用户进行负载均衡后,重负载小区的边缘用户可以同时被多个邻近轻载小区基站服务,小区间的网络有效容量便得到有效补偿,从而提高了边缘用户的通信速率。在用本章所提算法进行负载均衡后,小区边缘用户的平均通信速率提高了 0.036 7 Mbps。

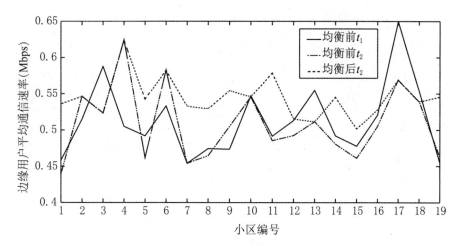

图 8.10　19 个小区边缘用户平均通信速率

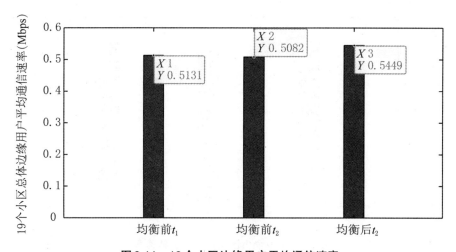

图 8.11　19 个小区边缘用户平均通信速率

3. 小区用户速率对比

图 8.12 所示是 3 种状态下各小区用户的平均通信速率的变化情况,t_1 表示的是高峰时期正常情况下各小区用户的通信速率分布曲线,仿真时设置了用户在小区中的位置为随机均匀分布,在采用本章所提算法前一时刻和后一时刻的通信速率分布曲线分别为均衡前 t_2 和均衡后 t_2。统计所有小区用户的平均通信速率得到如图 8.13 所示的柱形图。通过对比可知,在采用本章所提算法后,小区用户的平均速

率提升了 0.062 8 Mbps,因而验证了本章所提算法不仅可以提升小区边缘用户的平均通信速率,对小区全体用户的平均通信速率也有一定程度的提高。

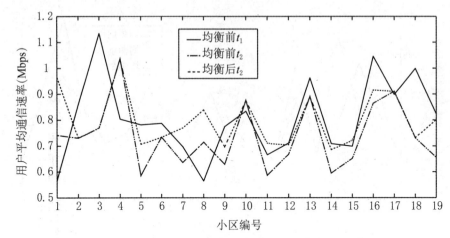

图 8.12 小区全部用户平均通信速率

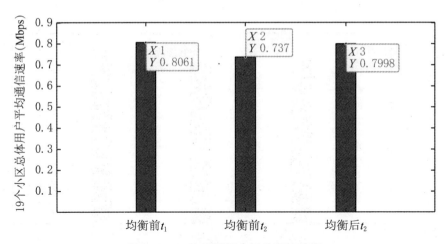

图 8.13 19 个小区用户平均通信速率

以上仿真均是在高峰时的假设验证。在非高峰时,小区过载率及用户速率变化情况与高峰时期相似,不同的是非高峰时期来车数量更少,在低过载率的前提下采用本章所提算法,过载率可以降到 0,但本章所提算法主要是针对负载均衡问题的,旨在使过载小区和轻载小区的资源合理分配,以降低各小区的过载率,同时也对用户速率的提升有一定程度的增益。在对边缘用户采用 CoMP 技术进行均衡后,小区的过载率变化比较明显,但在非高峰时期,小区边缘用户分布数比较少,本章所提算法的均衡效果也出现了一定的局限性。故在来车数量极少的非高峰时期,本章所提算法对通信速率的提升非常有限。经仿真验证,小区中心用户通信速率在均衡前为 0.967 3 Mbps,在均衡后为 1.056 4 Mbps,整体提升了 0.001 2 Mbps;小区边缘用户通信速率在均衡前为 0.683 3 Mbps,在均衡后为 0.684 5 Mbps,提升了 0.002 3 Mbps,虽然没有高峰期时效果显著,但也在一定程度上改善了基站的过载问题。

本 章 小 结

本章针对基站间的负载均衡问题,进行了大量调研,提出了一种基于预测模型的负载均衡算法。把预测算法和 CoMP 技术结合,形成一种新的负载均衡算法,以均衡各基站间的负载状况,使资源得到有效利用。经仿真分析验证,采用本章所提算法进行负载均衡后,无论是高峰期还是非高峰期,基站的过载率都有明显下降,用户的平均速率也得到一定提升,在一定程度上改善了基站的负载均衡问题。另外,本章所提算法应用场景比较广泛,车辆数量空时有明显变化规律的场所均可适用,如高速公路、城市交通等,因而具有一定的现实意义。

参 考 文 献

[1] 中国信息通信研究院,美国布鲁金斯学会.中美智能交通白皮书[R].2017.

[2] 公安部交通管理局.全国机动车保有量突破4亿辆[EB/OL].(2022-04-07)[2022-05-05]. https://mps.gov.cn/n2254314/n6409334/c8451247/content.html.

[3] 未来移动通信论坛.5G车车通信技术研究白皮书[G].2017.

[4] 中国信息通信研究院,华为技术有限公司,电信科学技术研究院.车联网白皮书(2017)[R].2017.

[5] 中国信息通信研究院.车联网网络安全白皮书(2017年)[R].2017.

[6] 武晓钊.车联网技术体系与产业链分析[J].中国流通经济,2012,26(8):47-52.

[7] 衡水市交通运输局."十三五"中国智慧交通发展趋势判断[EB/OL].(2015-11-12)[2022-05-05]. https://www.hsjtj.gov.cn/kjjy/2015/11/12/content_349118.shtml.

[8] WANG C X, HAIDER F, GAO X, et al. Cellular architecture and key technologies for 5G wireless communication networks[J]. IEEE Communications Magazine, 2014, 52(2): 122-130.

[9] 王良民,刘晓龙,李春晓,等.5G车联网展望[J].网络与信息安全学报,2016,2(6):1-12.

[10] 华为的5G的5大行业应用方向[R].2016.

[11] SHLADOVER S E, DESOER C A, HEDRICK J K, et al. Automated vehicle control developments in the PATH program[J]. IEEE Transactions on vehicular technology, 1991, 40(1):114-130.

[12] MIT. CarTel[EB/OL].(2011-7-27)[2022-05-05]. http://cartel.csail.mit.edu/doku.php.

[13] 何蔚.面向物联网时代的车联网研究与实践[M].北京:科学出版社,2013.

[14] 杨晓光,马万经,姚佼,等.智慧主动型交通控制系统及实验[J].工程研究-跨学科视野中的工程,2014,(1):43-53.

[15] HARTENSTEIN H. VANET: vehicular applications and inter-networking technologies[M]. Hoboken: Wiley, 2010.

[16] 赵祥模,惠飞,史昕,等.泛在交通信息服务系统的概念、架构与关键技术[J].交通运输工程学报,2014,4:105-115.

[17] 赵祥模,徐志刚,李骁驰.长安大学车路协同实验场项目规划[R].西安:长安大学信息工程学院,2014.

[18] 赵祥模,徐志刚,刘咏平,等.面向车联网的车载信息处理与应用的国内外研究现状及交

通行业需求分析报告[R]. 西安: 长安大学信息工程学院, 2015.

[19] GUILLAUME R. LTE-A 和下一代无线网络: 信道建模与传播[M]. 张建华, 等, 译. 北京: 电子工业出版社, 2015.

[20] REICHARDT L, MAURER J, FUGEN T, et al. Virtual drive: a complete V2X communication and radar system simulator for optimization of multiple antenna systems[J]. Proceedings of the IEEE, 2011, 99(7): 1295-1310.

[21] PONTES J, REICHARDT L, ZWICK T. Investigation on antenna systems for car-to-car communication [J]. IEEE Journal on Selected Areas in Communications, 2011, 29(1): 7-14.

[22] MAURER J, FUGEN T, SCHAFER T, et al. A new inter-vehicle communications (IVC) channel model[C]// IEEE 60th Vehicular Technology Conference. Los Angeles, 2004: 9-13.

[23] ACOSTA-MARUM G, INGRAM M A. Six time and frequency selective empirical channel models for vehicular wireless LANs[J]. Vehicular Technology Magazine IEEE, 2007, 2(4): 4-11.

[24] CHENG X, WANG C X, LAURENSON D I, et al. An adaptive geometry-based stochastic model for non-isotropic MIMO mobile-to-mobile channels[J]. IEEE Transactions on Wireless Communications, 2009, 8(9): 4824-4835.

[25] PETRUS P, REED J H, RAPPAPORT T S. Geometrical-based statistical macrocell channel model for mobile environments[J]. IEEE Transactions on Communications, 2002, 50(3): 495-502.

[26] ZAJIC A. Mobile-to-mobile wireless channels[M]. Boston: Artech House, 2012.

[27] AKKI A S, HABER F. A statistical model of mobile-to-mobile land communication channel[J]. IEEE Transactions on Vehicular Technology, 1986, 35(1): 2-7.

[28] AKKI A S. Statistical properties of mobile-to-mobile land communication channels [J]. IEEE transactions on vehicular technology, 1994, 43(4): 826-831.

[29] 周玮. 车辆对车辆无线衰落信道建模与仿真研究[D]. 武汉: 武汉理工大学, 2012.

[30] WALTER M, SHUTIN D, FIEBIG U C. Delay-dependent Doppler probability density functions for vehicle-to-vehicle scatter channels[J]. IEEE Transactions on Antennas and Propagation, 2014, 62(4): 2238-2249.

[31] RIAZ M, KHAN N M, NAWAZ S J. A generalized 3D scattering channel model for spatio-temporal statistics in mobile-to-mobile communication environment [J]. IEEE Transactions on Vehicular Technology, 2015, 64(10): 4399-4410.

[32] RIAZ M, NAWAZ S J, KHAN N M. 3D ellipsoidal model for mobile-to-mobile radio propagation environments[J]. Wireless Personal Communications, 2013, 72(4): 2465-2479.

[33] CHEN J, PRATT T G. Three-dimensional geometry-based stochastic modeling and perfor-

mance of 4×4 space-polarization mobile-to-mobile wideband MIMO channels[C]// 2013 IEEE Global Communications Conference (GLOBECOM). Atlanta, 2013: 3936-3941.

[34] MICHAILIDIS E T, KANATAS A G. Three-dimensional HAP-MIMO channels: modeling and analysis of space-time correlation[J]. IEEE Transactions on Vehicular Technology, 2010, 59(5): 2232-2242.

[35] PHAM V H, TAIEB M H, CHOUINARD J Y, et al. On the double Doppler effect generated by scatterer motion[J]. REV Journal on Electronics and Communications, 2011, 1(1): 672-678.

[36] ROY S, HUYNH H T, FORTIER P. Compound Doppler spread effects of subscriber motion and scatterer motion[J]. AEU-International Journal of Electronics and Communications, 2003, 57(4): 237-246.

[37] ANDERSEN J B, NIELSEN J O, PEDERSEN G F, et al. Doppler spectrum from moving scatterers in a random environment[J]. IEEE Transactions on Wireless Communications, 2009, 8(6): 3270-3277.

[38] RAD H S, GAZOR S, SHARIATPANAHI P. Non-fixed scatterers and their effects on MIMO multicarrier fading communication channels[C]// IEEE Global Telecommunications Conference. Washington, 2007: 3765-3769.

[39] ZHAO X, HAN Q, LIANG X, et al. Doppler spectra for F2F radio channels with moving scatterers[J]. IEEE Transactions on Antennas and Propagation, 2016, 64(9): 4107-4112.

[40] 李忻,聂在平,黄绣江.动态MIMO散射无线信道模型及性能分析[J].电子学报,2005, 33(9): 1660-1663.

[41] CHELLI A, PATZOLD M. The impact of fixed and moving scatterers on the statistics of MIMO vehicle-to-vehicle channels[C]// IEEE 69th Vehicular Technology Conference. Barcelona, 2009: 1-6.

[42] CHELLI A, PATZOLD M. A non-stationary MIMO vehicle-to-vehicle channel model derived from the geometrical street model[C]// IEEE Vehicular Technology Conference (VTC Fall). San Francisco, 2011: 1-6.

[43] BORHANI A, PÄTZOLD M. Modeling of vehicle-to-vehicle channels in the presence of moving scatterers[C]// IEEE Vehicular Technology Conference (VTC Fall). Quebec City, 2012: 1-5.

[44] BORHANI A, PÄTZOLD M. Correlation and spectral properties of vehicle-to-vehicle channels in the presence of moving scatterers[J]. IEEE Transactions on Vehicular Technology, 2013, 62(9): 4228-4239.

[45] LIANG X, ZHAO X, LI S, et al. A non-stationary geometry-based scattering model for street vehicle-to-vehicle wideband MIMO channels[C]// IEEE 26th Annual International Symposium on Personal, Indoor, and Mobile Radio Communications (PIMRC). Hong

Kong, 2015: 2239-2243.

[46] SOLTANI M D, ALIMADADI M, SEYEDI Y, et al. Modeling of Doppler spectrum in V2V urban canyon oncoming environment[C]// IEEE 7th International Sympo- sium on Telecommunications (IST).Tehran, 2014: 1155-1160.

[47] SOLTANI M D, ALIMADADI M, MOHAMMADI A. Modeling of mobile scatterer clusters for Doppler spectrum in wideband vehicle-to-vehicle communication channels[J]. IEEE Communications Letters, 2014, 18(4): 628-631.

[48] MAKHOUL G, MANI F, D'ERRICO R, et al. On the modeling of time correlation functions for mobile-to-mobile fading channels in indoor environments[J]. IEEE Antennas and Wireless Propagation Letters, 2017, 16: 549-552.

[49] CHEN X, FANG Y, XIANG W, et al. Research on spatial channel model for vehicle-to-vehicle communication channel in roadside scattering environment[J]. International Journal of Antennas and Propagation, 2017, 2017:1-12.

[50] 梁晓林,赵雄文,李亦天.移动散射体下的V2V信道相关性和多普勒谱特性研究[J].电子与信息学报, 2017, 39(3): 613-618.

[51] FUHL J, ROSSI J P, BONEK E. High-resolution 3D direction-of-arrival determination for urban mobile radio[J]. IEEE Transactions on Antennas and Propagation, 1997, 45(4): 672-682.

[52] KALLIOLA K, SULONEN K, LAITINEN H, et al. Angular power distribution and mean effective gain of mobile antenna in different propagation environments[J]. IEEE Transactions on Vehicular Technology, 2002, 51(5): 823-838.

[53] 曾孝平,周雨,简鑫,等.非稳态三维散射场景的时域自相关特性分析[J].电子科技大学学报, 2015, 44(6): 808-813.

[54] 周雨.三维M2M散射信道时间自相关特性研究[D].重庆:重庆大学,2015.

[55] ZAJIĆ A G. Impact of moving scatterers on vehicle-to-vehicle narrow-band channel characteristics[J]. IEEE Transactions on Vehicular Technology, 2014, 63(7): 3094-3106.

[56] ZAJIĆ A. Modeling impact of moving scatterers on Doppler spectrum in wideband vehicle-to-vehicle channels[C]// IEEE 9th European Conference on Antennas and Propagation (EuCAP). Lisbon, 2015: 1-5.

[57] PRIMAK S, KONTOROVICH V. Wireless multi-antenna channels: modeling and simulation[M]. New York: John Wiley & Sons, 2011.

[58] ZENTNER R, MUCALO A K, NAD R. A Study of differences in calculated capacity when using single, mixed or multiple bounce GSCM schemes[J]. Radioengineering, 2013, 22(2): 571- 577.

[59] KUCHAR A, ROSSI J P, BONEK E. Directional macro-cell channel characterization from urban measurements[J]. IEEE Transactions on Antennas and Propagation, 2000, 48(2): 137-146.

[60] ALMERS P, BONEK E, BURR A, et al. Survey of channel and radio propagation models for wireless MIMO systems[J]. EURASIP Journal on Wireless Communications and Networking, 2007, 2007(1): 56-56.

[61] KUIPERS B W M, MACKOWIAK M, Correia L M. Understanding geometrically based multiple bounce channel models[C]// IET European Conference on Antennas and Propagation. Edinburgh, 2007:1-4.

[62] ZHANG J, YIN X, CHENG X. Theoretical analysis and measurements: Doppler spectra of vehicular communication channels[C]// IEEE 12th International Conference on ITS Telecommunications (ITST). Taipei, 2012: 98-102.

[63] DAHECH W, PÄTZOLD M, YOUSSEF N. A non-stationary mobile-to-mobile multipath fading channel model taking account of velocity variations of the mobile stations[C].// IEEE 9th European Conference on Antennas and Propagation (EuCAP). Lisbon, 2015: 1-4.

[64] DAHECH W, PÄTZOLD M, GUTIERREZ C A, et al. A non-stationary mobile-to-mobile channel model allowing for velocity and trajectory variations of the mobile stations[J]. IEEE Transactions on Wireless Communications, 2017, 16(3): 1987-2000.

[65] GUTIERREZ C A, PATZOLD M, DAHECH W, et al. A non-WSSUS mobile-to-mobile channel model assuming velocity variations of the mobile stations[C]// IEEE Wireless Communications and Networking Conference (WCNC). San Francisco, 2017: 1-6.

[66] COULSON A J, WILLIAMSON A G, VAUGHAN R G. A statistical basis for lognormal shadowing effects in multipath fading channels[J]. IEEE Transactions on Communications, 1998, 46(4): 494-502.

[67] DURGIN G D, RAPPAPORT T S. Theory of multipath shape factors for small-scale fading wireless channels[J]. IEEE Transactions on Antennas and Propagation, 2000, 48(5): 682-693.

[68] LONI Z M, ULLAH R, KHAN N M. Analysis of fading statistics based on angle of arrival measurements[C]// IEEE International Workshop on Antenna Technology (iWAT). Hong Kong, 2011: 314-319.

[69] LONI Z M, KHAN N M. Analysis of fading statistics based on geometrical and statistical channel models[C]// IEEE 6th International Conference on Emerging Technologies (ICET). Islamabad, 2010: 221-225.

[70] LONI Z M, KHAN N M. Analysis of fading statistics in cellular mobile communication systems[J]. The Journal of Supercomputing, 2013, 64(2): 295-309.

[71] 李新林,刘生春.基于多径成型因子理论的无线信道建模研究[J].现代电子技术,2008,1: 21-22.

[72] LU J, HAN Y. Application of multipath shape factors in Nakagami-m fading channel[C]// IEEE International Conference on Wireless Communications & Signal Processing. Nanjing, 2009: 1-4.

[73] SHANG H, HAN Y, LU J. Statistical analysis of Rician and Nakagami-m fading channel using multipath shape factors[C]// IEEE Second International Conference on Computational Intelligence and Natural Computing Proceedings (CINC). Wuhan, 2010: 398-401.

[74] MORAITIS N, CONSTANTINOU P, VOUYIOUKAS D. Power angle profile measurements and capacity evaluation of a SIMO system at 60 GHz[C]// IEEE 21st International Symposium on Personal Indoor and Mobile Radio Communications (PIMRC). Istanbul, 2010: 1027-1031.

[75] MORAITIS N, VOUYIOUKAS D, CONSTANTINOU P. Indoor angular profile measurements and channel characterization at the millimeter-wave band[C]// IEEE Proceedings of the 5th European Conference on Antennas and Propagation (EUCAP). Rome, 2011: 155-159.

[76] RODRIGUEZ I, ALMAEIDA E P L, ABREU R, et al. Analysis and comparison of 24 GHz cm wave radio propagation in urban and suburban scenarios[C]// IEEE Wireless Communications and Networking Conference (WCNC). Doha, 2016: 1-7.

[77] CHEN Y, ZHANG Z, DUBEY V K. Effect of antenna directivity on angular power distribution at mobile terminal in urban macrocells: a geometric channel modeling approach[J]. Wireless Personal Communications, 2007, 43(2): 389-409.

[78] VALCHEV D G, BRADY D. Three-dimensional multipath shape factors for spatial modeling of wireless channels[J]. IEEE Transactions on Wireless Communications, 2009, 8(11): 5542-5551.

[79] VALCHEV D G, BRADY D. Multipath directivity and spatial selectivity in three-dimensional wireless channels[J]. IEEE Transactions on Antennas and Propagation, 2009, 57(7): 2147-2154.

[80] GULFAM S M, NAWAZ S J, AHMED A, et al. Analysis on multipath shape factors of air-to-ground radio communication channels[C]// IEEE Wireless Telecommunications Symposium (WTS). London, 2016: 1-5.

[81] GULFAM S M, NAWAZ S J, AHMED A, et al. A novel 3D analytical scattering model for air-to-ground fading channels[J]. Applied Sciences, 2016, 6(8): 1-21.

[82] AHMED A, NAWAZ S J, GULFAM S M. Small-scale fading statistics of emerging 3D mobile radio cellular propagation channels[J]. Wireless Personal Communications, 2017, 97(3): 4285-4304.

[83] FLEURY B H. First and second order characterization of direction dispersion and space selectivity in the radio channel[J]. IEEE Transactions on Information Theory, 2000, 46(6): 2027-2044.

[84] PAL A, BEACH M, NIX A. A novel quantification of 3D directional spread from small-scale fading analysis[C]// IEEE International Conference on Communications. Istanbul, 2006: 1699-1704.

[85] WEN S, ZHU X, LIN Y, et al. Achievable transmission capacity of relay-assisted device-to-device (D2D) communication underlay cellular networks[C]// IEEE 78th Vehicular Technology Conference (VTC Fall). Las Vegas, 2013: 1-5.

[86] TARANETZ M, RUPP M. A circular interference model for heterogeneous cellular networks[J]. IEEE Transactions on Wireless Communications, 2016, 15(2): 1432-1444.

[87] ZHANG T, AN L, CHEN Y, et al. Aggregate interference statistical modeling and user outage analysis of heterogeneous cellular networks[C]// IEEE International Conference on Communications (ICC). Sydney, 2014: 1260-1265.

[88] GIOVANIDIS A, CORRALES L D A, DECREUSEFOND L. Analyzing interference from static cellular cooperation using the nearest neighbour model[C]// IEEE 13th International Symposium on Modeling and Optimization in Mobile, Ad Hoc, and Wireless Networks (WiOpt). Mumbai, 2015: 576-583.

[89] KOUFOS K, JANTTI R. Interference modelling using hierarchical spatial clustering of terrain and user density maps[C]// IEEE 79th Vehicular Technology Conference (VTC Spring). Seoul, 2014: 1-5.

[90] CONG Y, ZHOU X, KENNEDY R A. Interference prediction in mobile ad hoc networks with a general mobility model[J]. IEEE Transactions on Wireless Communications, 2015, 14(8): 4277-4290.

[91] CHUN Y J, HASNA M O, GHRAYEB A. Modeling and analysis of HetNet interference using Poisson cluster processes[C]// IEEE 25th Annual International Symposium on Personal, Indoor, and Mobile Radio Communication (PIMRC). Washington, 2014: 681-686.

[92] TORRISI G L, LEONARDI E. Simulating the tail of the interference in a Poisson network model[J]. IEEE Transactions on Information Theory, 2013, 59(3): 1773-1787.

[93] 黄宇. LTE-A 异构网络干扰分析及抑制技术研究[D]. 北京:北京交通大学, 2014.

[94] 卫敏. LTE 异构网络建模及其干扰分析[D]. 北京:北京邮电大学, 2015.

[95] 赵诗琴, 杜荣, 李剑, 等. 基于干扰建模的通信中断概率分析[J]. 计算机工程, 2013, 39(7): 115-118.

[96] 姜立娜. GSM-R 同频干扰相关性研究[D]. 北京:北京交通大学, 2013.

[97] 郑岩, 顾学迈, 郭庆, 等. LTE 架构下的 Macro-Femtocell 网络干扰建模[J]. 吉林大学学报(工学版), 2015(5): 1636-1641.

[98] 钟祎. 无线网络瞬态与时变干扰建模与分析[D]. 合肥:中国科学技术大学, 2015.

[99] 李绍元. 有限任意形状区域干扰建模研究[D]. 北京:北京交通大学, 2013.

[100] CHEN Y, MUCCHI L, Wang R. Angular spectrum and second order statistics of interference in wireless networks[C]// IEEE International Conference on Communication, Networks and Satellite (COMNETSAT). Yogyakarta, 2013: 41-45.

[101] CHEN Y, MUCCHI L, WANG R, et al. Modeling network interference in the angular

domain: interference azimuth spectrum[J]. IEEE Transactions on Communications, 2014, 62(6): 2107-2120.

[102] 单政扬. 802.11ax D2D干扰分析及资源分配算法研究[D]. 成都:西南交通大学, 2016.

[103] 张锐. 蜂窝网络终端直通通信中干扰协调方法研究[D]. 西安:西安电子科技大学, 2015.

[104] 员陈军. 基于D2D用户位置的干扰协调算法研究[D]. 北京:北京邮电大学, 2013.

[105] 王冬宇. 面向IMT-A的D2D通信干扰协调技术研究[D]. 北京:北京邮电大学, 2014.

[106] HUAN C, LIU C, ZHENG W, et al. Average received interference power analysis of D2D communication in the cellular network[C]// IEEE International Conference on Ubiquitous Wireless Broadband (ICUWB). Nanjing, 2016: 1-4.

[107] ZHANG Y, ZHENG J, LU P S, et al. Interference graph construction for cellular D2D communications[J]. IEEE Transactions on Vehicular Technology, 2016, 66(4): 3293-3305.

[108] LI X, ZHANG W, ZHANG H, et al. Mathematical characteristics analysis of uplink interference region in D2D communications underlaying cellular networks[C]// Seventh International Conference on Ubiquitous and Future Networks (ICUFN). Sapporo, 2015: 557-561.

[109] LU H, WANG Y, CHEN Y, et al. Interference model and analysis on device-to-device cellular coexist networks[C]// IEEE Global Conference on Signal and Information Processing (GlobalSIP). Orlando, 2015: 1086-1090.

[110] TCHOUANKEM H, LORENZEN T. Measurement-based evaluation of interference in vehicular ad-hoc networks at urban intersections[C]// IEEE International Conference on Communication Workshop (ICCW). London, 2015: 2381-2386.

[111] BASTANI S, LANDFELDT B. The effect of hidden terminal interference on safety-critical traffic in vehicular ad hoc networks[C]// ACM 6th Symposium on Development and Analysis of Intelligent Vehicular Networks and Applications. New York, 2016: 75-82.

[112] Kimura T, Saito H. Theoretical interference analysis of inter-vehicular communication at intersection with power control[C]// ACM 19th International Conference on Modeling, Analysis and Simulation of Wireless and Mobile Systems. New York, 2016: 3-10.

[113] 杨哲. V2V通信干扰建模与功率控制研究[D]. 大连:大连理工大学, 2015.

[114] JIANG T, CHEN H H, WU H C, et al. Channel modeling and inter-carrier interference analysis for V2V communication systems in frequency-dispersive channels[J]. Mobile Networks and Applications, 2010, 15(1): 4-12.

[115] BITHAS P S, EFTHYMOGLOU G P, KANATAS A G. Intervehicular communication systems under co-channel interference and outdated channel estimates[C]// IEEE International Conference on Communications (ICC). Kuala Lumpur, 2016: 1-6.

[116] TENGSTRAND S O, FORS K, STENUMGAARD P, et al. Jamming and interference vulnerability of IEEE 802.11p[C]// IEEE International Symposium on Electromagnetic

Compatibility (EMC Europe). Gothenburg, 2014: 533-538.

[117] FUXJAEGER P, RUEHRUP S. Validation of the NS-3 interference model for IEEE802. 11 Networks[C]// IEEE 8th IFIP Wireless and Mobile Networking Conference (WMNC). Munich, 2015: 216-222.

[118] GREGORY DURGIN. 空-时无线信道[M]. 朱世华, 等, 译. 西安: 西安交通大学出版社, 2004.

[119] 刘鹏宇. 智能交通系统中的车对车宽带无线信道建模[D]. 北京: 北京交通大学, 2014.

[120] NAKAGAMI M. The m-distribution: a general formula of intensity distribution of rapid fading[J]. Statistical Method of Radio Propagation, 1960: 3-36.

[121] 陈超. 基于相关Nakagami衰落的无线信道仿真与硬件实现[D]. 南京: 南京航空航天大学, 2012.

[122] PTZOLD M. Mobile radio channels[M]. 2nd ed. Hoboken: Wiley, 2011.

[123] WANG R, COX D. Double mobility mitigates fading in ad hoc wireless networks[C]// IEEE Antennas and Propagation Society International Symposium. San Antonio, 2002: 306-309.

[124] BAKHSHI G, SHAHTALEBI K, RAD H S. A novel full-three-dimensional MIMO mobile-to-mobile channel reference model[C]//IEEE International Conference on Signal Processing and Communication Systems. Omaha, 2009: 1-6.

[125] ZHOU W, WANG X, WANG X, et al. A modified two-erose-ring model for MIMO mobile-to-mobile fading channels[C]// IEEE International Conference on Wireless Communications, Networking and Mobile Computing. Wuhan, 2011: 1-5.

[126] JAKES W C, COX D C. Microwave mobile communications[M]. Hoboken: Wiley-IEEE Press, 1994.

[127] PATZOLD M, HOGSTAD B O, YOUSSEF N. Modeling, analysis, and simulation of MIMO mobile-to-mobile fading channels[J]. IEEE Transactions on Wireless Communications, 2008, 7(2): 510-520.

[128] ZAJIC A G, STUBER G L, PRATT T G, et al. Wideband MIMO mobile-to-mobile channels: geometry-based statistical modeling with experimental verification[J]. IEEE Transactions on Vehicular Technology, 2009, 58(2): 517-534.

[129] NAZ N, FALCONER D D. Temporal variations characterization for fixed wireless at 29.5 GHz[C]// IEEE Vehicular Technology Conference Proceedings. Tokyo, 2000: 2178-2182.

[130] CLARKE R H, KHOO W L. 3D mobile radio channel statistics[J]. IEEE Transactions on Vehicular Technology, 1997, 46(3): 798-799.

[131] BELL W W. Special functions for scientists and engineers[M]. New York: Dover Publications, 2004.

[132] BEAULIEU N C, DONG X. Level crossing rate and average fade duration of MRC and

EGC diversity in Ricean fading[J]. IEEE Transactions on Communications, 2003, 51 (5): 722-726.

[133] CHEN X, ZHONG Z D, WANG M, et al. A novel method in calculating second order characteristics over Nakagami-m fading channels[C]// International Conference of China Communication and Technology (ICCCT2010). Nanning, 2010: 189-193.

[134] SIMON M K, ALOUINI M S. Digital communication over fading channels[M]. New York: John Wiley & Sons, 2005.

[135] PAPOULIS A, PILLAI S U. Probability, random variables and stochastic processes[M]. New York: MiGraw-Hill, 2002.

[136] BABICH F, LOMBARDI G. General Nakagami approximation for sum of Ricean interferers[J]. Electronics Letters, 1998, 34 (1): 23-24.

[137] NAWAZ S J, QURESHI B H, KHAN N M. A generalized 3D scattering model for a macrocell environment with a directional antenna at the BS[J]. IEEE Transactions on Vehicular Technology, 2010, 59 (7):3193-3204.

[138] KARAGIANNIDIS G, GEORGOPOULOS C, KOTSOPOULOS S. Outage probability analysis for a Nakagami signal in L Nakagami interferers[J]. European Transactions on Telecommunications, 2001, 12(2):145-150.

[139] DUBEY S D. Compound gamma, beta and F distributions[J]. Metrika, 1970, 16(1): 27-31.

[140] ERMOLOVA N Y, TIRKKONEN O. Interference analysis in wireless networks operating over arbitrary fading channels with heterogeneous Poisson fields of transmitters and interferers[J]. IEEE Signal Processing Letters, 2017, 24 (9): 1388-1392.

[141] LIU L Y, MA Z G, XUE Y, et al. Research on coverage probability in ultra-dense 5G heterogeneous cellular networks based on Poisson clustered process[J]. Wireless Personal Communications, 2017, 95 (3): 2915-2930.

[142] RIAZ M, KHAN M M, ULLAH Z. A three-dimensional geometrical scattering model for cellular communication environment[J]. Wireless Personal Communications, 2018, 98 (4): 3443-3454.

[143] JIANG H, ZHANG Z, DANG J, et al. A novel 3D massive MIMO channel model for vehicle-to-vehicle communication environments[J]. IEEE Transactions on Communications, 2018, 66 (1): 79-90.

[144] RAPPAPORT T S. Wireless communications: principles and practice[M]. 2nd ed. Upper Saddle River: Prentice Hall PTR, 2001.

[145] DU D, ZENG X, JIAN X. Analysis of 3D spatial selectivity for Rician channel[J]. Radioengineering, 2018, 27(1): 249-255.

[146] DURGIN G D. Space-time wireless channels[M]. Upper Saddle River: Prentice Hall PTR, 2002.

[147] RODRIGUEZ I, ALMEIDA E P L, ABREU R, et al. Analysis and comparison of 24 GHz cm wave radio propagation in urban and suburban scenarios[C]// IEEE Wireless Communications and Networking Conference. Doha, 2016: 1-7.

[148] FLEURY B H. First and second-order characterization of direction dispersion and space selectivity in the radio channel[J]. IEEE Transactions on Information Theory, 2000, 46(6): 2027-2044.

[149] ZHOU T, TAO C, LIU L et al. Ricean K-factor measurements and analysis for wideband radio channels in high-speed railway U-shape cutting scenarios[C]// IEEE 79th Vehicular Technology Conference (VTC Spring). Seoul, 2014: 1-5.

[150] RAIDA Z, KOLKA Z, MARSALEK R. Communication subsystems for emerging wireless technologies[J]. Radioengineering, 2012, 21(4): 1036-1049.

[151] CHRONOPOULOS S K, CHRISTOFILAKIS V, TATSIS G. Performance of turbo coded OFDM under the presence of various noise types[J]. Wireless Personal Communications, 2016, 87(4): 1319-1336.

[152] CLARKE R H, WEE LIN Khoo. 3D mobile radio channel statistics[J]. IEEE Transactions on Vehicular Technology, 1997, 46(3): 798-799.

[153] 杜得荣. 车车通信三维信道与干扰模型研究[D]. 重庆: 重庆大学, 2018.

[154] VALCHEV D G. Spatial modeling of three-dimensional multipath wireless channels[D]. Boston: Northeastern University, Aug. 2008.

[155] AHMED A, NAWAZ S J, GULFAM S M, Wyne S, Patwary M N and Pervaiz H. Angular spread quantification of multi-antenna vehicular radio communication channels[C]// IEEE Globecom Workshops (GC Wkshps). Abu Dhabi, 2018: 1-7.

[156] YUAN H W, CUI G F, FAN J. A method for analyzing broadcast beamforming of massive MIMO antenna array[J]. Progress in Electromagnetics Research Letters, 2017, 65: 15-21.

[157] MOHAMED H H, MOHANAD J, MD R I. Beam steering antenna array for 5G telecommunication systems applications[J]. Progress in Electromagnetics Research M, 2018, 67: 197-207.

[158] 范迪, 蔡明辉. CoMP技术介绍[J]. 中国无线电, 2018, 07: 32-34.

[159] LAI W K, HSU C, KUO Y. QoS-guaranteed user association and resource allocation with CoMP JT in ultra-dense networks[C]// 2019 20th Asia-Pacific Network Operations and Management Symposium (APNOMS). Matsue, 2019: 1-6.

[160] LIU L, ZHOU Y, ZHUANG W, et al. Tractable coverage analysis for ference-aware CoMP[J]. IEEE Transactions on Wireless Communications, 2019, 18(1): 503-517.

[161] SHGLUOF I, ISMAIL M, NORDIN R. Semi-clustering of victim-cells approach for interference management in ultra-dense femtocell net-works[J]. IEEE Access, 2017, 5: 9032-9043.

[162] YANG X. A Multilevel soft frequency reuse technique for wireless commubication systems[J]. IEEE Comunication Letter, 2014, 18(11): 1983-1986.

[163] 徐梓瀛,周又玲,张亚洲.基于多级软频率复用的动态频谱复用方案研究[J].海南大学学报(自然科学版),2017,35(01):26-30.

[164] HOSSAIN M S, TARIQ F, SAFDAR G A, et al. Multi-layer soft frequency reuse scheme for 5G heterogeneous cellular networks[C]// IEEE Globecom Workshops (GC Wkshps). Singapore, 2017: 1-6.

[165] GIAMBENE G, LE V A, BOURGEAU T et al. Iterative multi-level soft frequency reuse with load balancing for heterogeneous LTE-A systems[J]. IEEE Transactions on Wireless Communications, 2017, 16(2): 924-938.

[166] PASTOR-PÉREZ J, RIERA-PALOU F, FEMENIAS G. Analytical optimization of irregular CoMP-based MIMO-OFDMA networks with frequency reuse[C]// IEEE 13th International Conference on Wireless and Mobile Computing, Networking and Communications (WiMob). Rome, 2017: 110-117.

[167] PASTOR-PÉREZ J A, RIERA-PALOU F, FEMENIAS G. Analytical network-wide optimization of CoMP-aided MIMO-OFDMA irregular networks with frequency reuse: A multiobjective approach[J]. IEEE Transactions on Communications, 2019, 67(3): 2552-2568.

[168] RALPH T, SARABJOT S, JEFFREY G A, et al. Analysis of non-coherent joint-transmission cooperation in heterogeneous cellular networks[C]// IEEE International Conference on Communications. 2014: 5160-5165.

[169] 徐梓瀛.基于软频率复用的无线频谱资源分配算法[D].海口:海南大学,2017.

[170] ALMUSAWWIR, MAYANGSARI NUR. Analysis of LTE network planning with multi-level soft frequency reuse: Cimahi City case study[C]// IEEE 7th International Annual Engineering Seminar. Yogyakarta, 2017: 1-5.

[171] LAI W K, HSU C, KUO Y. QoS-guaranteed user association and resource allocation with CoMP JT in ultra-dense networks[C]// IEEE 20th Asia-Pacific Network Operations and Management Symposium (APNOMS). Matsue, 2019: 1-6.

[172] BAIER P W, MEURER M, WEBER T, et al. Joint transmission (JT), an alternative rationale for the downlink of time division CDMA using multi-element transmit antennas [C]// IEEE Sixth International Symposium on Spread Spectrum Techniques and Applications. Parsippany, 2000:1-5.

[173] CHEN C, PEI Q Q, LI X J. A GTS allocation scheme to improve multiple-access performance in vehicular sensor networks[J]. IEEE Trans. Veh. Technol, 2016, 65(3): 1549-1563.

[174] CHEN C, JIN Y, PEI Q, et al. A connectivity-aware intersection-based routing in VANETs [J]. EURASIP Journal on Wireless Communications and Networking, 2014,

2014(1):1-16.

[175] NI Y, CAI L, HE J P, et al. Toward reliable and scalable internet of vehicles: performance analysis and resource management[J]. Proceedings of the IEEE, 2020, 108(2): 324-340.

[176] ZHU B C, ZHANG Z C. Asymptotic analysis on diversity receptions over fading channels with correlated shadowing[J]. IEEE Transactions on Vehicular Technology, 2019, 68(8): 8275-8278.

[177] RASHMI N, KUMAR K N P, HAMSAVAHINI R, et al. Pilot based channel equalization using extended Kalman filter for Rayleigh fading channel[C]// Second International Conference on Electrical, Computer and Communication Technologies (ICECCT). Coimbatore, 2017: 1-6.

[178] VENUGOPAL T, RADHIKA S. A survey on channel coding in wireless networks[C]// International Conference on Communication and Signal Processing (ICCSP). Chennai, 2020: 0784-0789.

[179] WANG Q Y, FU P P, ZHANG S Z. A comparison of concatenated polar codes with different interleaving and decoding schemes[C]// 5th International Conference on Computer and Communication Systems (ICCCS). Shanghai, 2020: 570-574.

[180] 3GPP TS 36.211, Technical specification group radio access network; evolved universal terrestrial radio access (E-UTRA); physical channels and modulation (release 8)[R]. June 2009.

[181] SAWAHASHI M, KISHIYAMA Y, MORIMOTO A, et al. Coordinated multipoint transmission/reception techniques for LTE-advanced [coordinated and distributed MIMO][J]. IEEE Wireless Communications, 2010, 17(3): 26-34.

[182] GAO X Y, LIN A X, KAYAMA H. Low-complexity downlink coordination scheme for multi-user CoMP in LTE-Advanced system[C]// IEEE 20th International Symposium on Personal, Indoor and Mobile Radio Communications. Tokyo, 2009: 355-359.

[183] BATISTA R L, DOS SANTOS R B, MACIEL T F, et al. Performance evaluation for resource allocation algorithms in CoMP systems[C]// IEEE 72nd Vehicular Technology Conference-Fall. Ottawa, 2010: 1-5.

[184] LIU L, ZHANG S, ZHANG R. CoMP in the sky: UAV placement and movement optimization for multi-user communications[J]. IEEE Transactions on Communications, 2019, 67(8): 5645-5658.

[185] HU X R, ZHU W R. Interference coordination-based cell clustering and power allocation algorithm in dense small cell networks[J]. Journal of Electronics &Information Technology, 2016, 38(5): 1173-1178.

[186] BRUECK S, ZHAO L, GIESE J, et al. Centralized scheduling for joint transmission coordinated multi-point in LTE-Advanced[C]// International ITG Workshop on Smart Anten-

nas (WSA). Bremen, 2010: 177-184.

[187] ZENG X P, YU F, JIAN X, et al. Performance analysis of ultra-dense networks based on coordinated multiple-points joint transmission[J]. Journal of Electronics and Information Technology, 2019, 41(3): 563-570.

[188] BASSOY S, JABER M, IMRAN M, et al. Load aware self-organising user-centric dynamic CoMP clustering for 5G networks[J]. IEEE Access, 2016, 4: 2895-2906.

[189] XU J, ZHANG R. CoMP meets smart grid: a new communication and energy cooperation paradigm[J]. IEEE Transactions on Vehicular Technology, 2015, 64(6): 2476-2488.

[190] XU J, ZHANG R. Cooperative energy trading in CoMP systems powered by smart grids [J]. IEEE Transactions on Vehicular Technology, 2016, 65(4): 2142-2153.

[191] LIU L, ZHOU Y Q, GARCIA V, et al. Load aware joint CoMP clustering and inter-cell resource scheduling in heterogeneous ultra dense cellular networks[J]. IEEE Transactions on Vehicular Technology, 2018, 67(3): 2741-2755.

[192] MACCARTNEY G R, RAPPAPORT T S, GHOSH A. Base station diversity propagation measurements at 73 GHz millimeter-wave for 5G coordinated multipoint (CoMP) analysis [C]// IEEE Globecom Workshops (GC Wkshps). Singapore, 2017: 1-7.

[193] XIE R C, LIAN X F, JIA Q M, et al. Survey on computation offloading in mobile edge computing[J]. Journal on Communications, 2018, 39(11): 138-155.

[194] ZHAO H T, ZHU Y Y, DING Y, et al. Research on content-aware classification offloading algorithm based on mobile edge calculation in the internet of vehicles[J]. Journal of Electronics and Information Technology, 2020, 42(1): 20-27.

[195] CHEN C, CHEN L L, HE S F, et al. Delay-optimized V2V-based computation offloading in urban vehicular edge computing and networks[J]. IEEE Access, 2020, 8: 18863-18873.

[196] ABABNEH N, LABIOD H. A performance analysis of VANETs routing protocols using different mobility models[C]// IEEE International Conference on Wireless Communications, Networking and Information Security. Beijing, 2010: 498-502.

[197] DAI Y, XU D, MAHARJAN S, et al. Joint load balancing and offloading in vehicular edge computing and networks[J]. IEEE Internet of Things Journal, June 2019, 6(3): 4377-4387.

[198] PATNI J C, ASWAL M S. Distributed load balancing model for grid computing environment[C]// 1st International Conference on Next Generation Computing Technologies (NGCT). Dehradun, 2015: 123-126.

[199] MITRA S, DASBIT S. A load balancing strategy using dynamic channel assignment and channel borrowing in cellular mobile environment[C]// IEEE International Conference on Personal Wireless Communications. Conference Proceedings (Cat. No.00TH8488). Hyder-

abad, 2000: 278-282.

[200] BHOWMIK M, MALATHI P. Load balancing using game theory in cognitive radio network[C]// International Conference on Computing, Communication and Automation (ICCCA). Greater Noida, 2016: 582-587.

[201] KAUR S, SHARMA T. Efficient load balancing using improved central load balancing technique[C]// 2nd International Conference on Inventive Systems and Control (ICISC). Coimbatore, 2018: 1-5.

[202] HEINZELMAN W R., CHANDRAKASAN A P, BALAKRISHNAN H. Energy efficient communication protocol for wireless sensor networks[C]// IEEE Hawaii International Conference o1 System Sciences. Maui, 2000: 3005-3014.

[203] SINGH K, VERMA A K. Experimental analysis of AODV, DSDV and OLSR routing protocol for flying adhoc networks (FANETs)[C]// IEEE International Conference on Electrical, Computer and Communication Technologies (ICECCT). Coimbatore, 2015: 1-4.

[204] KONG F S, UI B B. Performance evaluation of AODV, DSR and DSDV in mobile adhoc network using NS2[J]. ITM Web of Conferences, 2017, 12:1-5.

[205] MADHUSRHEE B. Performance analysis of AODV, DSDV and AOMDV using wimax in NS2[J]. Computational Methods in Social Sciences, 2016, 4(1):.22 -28.

[206] MENG L M, JIANG Y F, LIU Y J. Relative mobility prediction based k-hop clustering algorithm in ad-hoc networks[J]. Journal of Electronics & Information Technology, 2018, 40(12): 2954-2961.

[207] ASLAM S, SHAH M A. Load balancing algorithms in cloud computing: a survey of modern techniques[C]// IEEE National Software Engineering Conference (NSEC). Rawalpindi, 2015: 30-35.

[208] TEEGALA S K, SINGAL S K. Optimal costing of overhead power transmission lines using genetic algorithms[J]. International Journal of Electrical Power & Energy Systems, 2016, 83:298-308.

[209] LUKASZ A, CZERNIAK J M, DOBROSIELSKI W, et al. Fuzzy logic load balancing for cloud architecture network—a simulation test[M]. New York: Springer, 2017.

[210] RAHIM KHAN. An efficient load balancing and performance optimization scheme for constraint oriented networks[J]. Simulation Modelling Practice and Theory, 2019, 96 (2):1-15.

[211] 尹友磊. MQTT服务器负载均衡技术的研究与应用[D]. 上海:上海师范大学,2018.

[212] EL-REWINI H, LEWIS T, ALI H. Task scheduling in parallel and distributed systems [M]. Upper Saddle River: Prentice Hall PTR, 1994.

[213] KIM C, HISAO KAMEDA. Optimal static load balancing of multi-class jobs in a distributed computer system[C]// 10th International Conference on Distributed Computing Sys-

tems. Paris, 1990: 562-569.

[214] ASSER N T, DONALD F T. Optimal static load balancing in distributed computer systems [J]. Journal of the ACM (JACM), 1985, 32(2): 445-465.

[215] CHONGGUN K. An algorithm for optimal static load balancing in distributed computer systems [J]. EEE Transaction on Computers, 1992, 41(3):381-384.

[216] DATTATREYA G R, ENKATESH R. Static and decentralized-adaptive load balancing in a star configured distributed computing system [J]. EEE Transactions on Systems, Man and Cybernetics, Part A: Systems and Humans, 1996, 26(1): 91-104.

[217] OLEJNIK R, LSHABANI I, OURSEL B, et al. Load balancing in the SOAJA web service platform[C]// International Multiconference on Computer Science and Information Technology. Wisia, 2008: 459-465.

[218] MITRA S, DASBIT S. A load balancing strategy using dynamic channel assignment and channel borrowing in cellular mobile environment[C]// IEEE International Conference on Personal Wireless Communications. Hyderabad, 2000: 278-282.

[219] JANSEN T, BALAN I, STEFANSKI S, et al. Weighted performance based handover parameter optimization in LTE[C]// International Workshop on Self-Organizing Networks. Yokohama, Spring, 2011:1-5.

[220] 何浩. 基于博弈论的LTE负载均衡的研究[D]. 北京:北京邮电大学,2011.

[221] LI X, ZHANG R, LAJOS H Z. Cooperative load balancing in hybrid visible light communications and WiFi [J]. IEEE Transactions on Communications, 2015, 63(4) :1319-1329.

[222] JAGDISH C P, AHENDRA S A. Distributed load balancing model for grid computing environment[C]// IEEE 1st International Conference on Next Generation Computing Technologies. Dehradun, 2016:123-126.

[223] IACOBOAIEA O C, SAYRAC B, JEMAA S B, et al. SoN coordination in heterogeneous networks: a reinforcement learning framework [J]. IEEE Trans. Wireless Commun., 2016, 15(9): 5835-5847.

[224] BHOWMIK M, MALATHI P. Load balancing using game theory in cognitive radio network[C]// IEEE International Conference on Computing, Communication and Automation. Greater Noida, 2016: 582-587.

[225] YUSOFF Z Y M, FAZIRULHISYAM H A S. Energy efficiency of coordinated multipoint transmission (CoMP) over LTE-A[C]// IEEE 13th Malaysia International Conference on Communications (MICC). Johor Bahru, 2017: 305-310.

[226] FENG L, YIN M, XIANG N, et al. Load-balancing based on base-station CoMP with guaranteed call blocking rate[C]// Australia, IEEE International Symposium on Wireless Personal Multimedia Communications. Sydney, 2014:271-276.

[227] BASSOY S, JABER M, IMRAN M A, et al. Load aware self-organising user-centric dy-

namic CoMP clustering for 5G networks[J]. IEEE Access, 2016, 4:2895-2906.

[228] FIGUEIREDO G B, WANG X, MEIXNER C C, et al. Load balancing and latency reduction in multi-user CoMP over TWDM-VPONs[C]// IEEE International Conference on Communications. Kuala Lumpur, 2016: 1-6.

[229] CAMPOS L M, SCHERSON I D. Rate of change load balancing in distributed and parallel systems[J]. Parallel Computing, 2000, 26(9):1213-1230.